넘어진 마음을 일으켜 세우는 힘
사소한 것들로부터의 위로

《人生要淡定, 生活要从容》

作者: 木木

copyright ⓒ 2012 by 中国画报出版社有限责任公司
All rights reserved.
Korean Translation Copyright ⓒ 2016 by FROMBOOKS
Korean edition is published by arrangement with 中国画报出版社有限责任公司
through EntersKorea Co.,Ltd, Seoul.

이 책의 한국어판 저작권은 (주)엔터스코리아를 통한
중국의 中国画报出版社有限责任公司와의 계약으로 프롬북스가 소유합니다.
신 저작권법에 의하여 한국 내에서 보호를 받는 저작물이므로
무단전재와 무단복제를 금합니다.

넘어진 마음을 일으켜 세우는 힘

사소한 것들로부터의 위로

무무(木木) 지음 | 이지수 옮김

frombooks

내딛는 말

오늘도 인생 여정을 걷는 당신에게

소확행(小確幸)을 아시나요?

'작지만 확실한 행복'이라는 뜻의 이 말은 실현 불가능한 막연하고 큰 행복보다는 지금 바로 체감할 수 있는 일상 속의 행복을 추구하는 요즘 사람들의 마음을 대변합니다.

언젠가부터 우리는 행복을 인생의 먼 훗날에나 누릴 수 있는 특별한 보상쯤으로 여긴 것 같습니다. 지금은 바쁘고 돈을 벌어야 하니까, 아직 나는 이뤄야 할 게 많으니까 행복은 잠시 미뤄두고 빡빡한 하루하루를 보내는 게 충실한 삶이라고 말이죠. 하지만 자신의 마음을 돌보지 않은 채 오로지 계획과 일정에 맞춰 나를 몰아세우는 삶은 부(副)와 명예는 남을지라도 정신적인 만족과 일상의 여유까지는 보장하지 않습니다.

대나무는 땅 위로 솟아나는 데 무려 오 년이 걸린다고 합니다. 겉으로는 보이지 않지만 대나무의 순은 땅속에서 비와 바람과 햇볕을 고스란히 견디며 조금씩 뿌리를 넓히면서 성장의 움직임을 멈추지 않는 것이죠. 그리고 마침내 때가 되었을 때, 지면 위로 올라와 마디에 마디를 더하며 하늘 높이 자라납니다. 독일의 철학자 괴테는 "인생에서 중요한 것은 속도가 아니라 방향이다."라고 했지요. 아마도 괴테가 말한 인생의 방향이란 대나무의 성장과 닮아 있지 않을까요. 그리고 그 방향을 유지하기 위해선 마음의 여백, 즉 여유로움이 없다면 불가능할 것입니다.

여유로운 마음을 가지기 위해서는 남이 정한 기준이 아니라 내가 중심이 되어 인생 여정을 걸어가야 합니다. 꽃과 나무가 옆의 것보다 키가 높은지 낮은지 비교하며 자라는 게 아니듯이요.

살다 보면 크든 작든 현실의 돌부리에 차이고 벽에 가로막혀 좌절할 때가 있습니다. 남들에 비해 나만 뒤처지는 것 같고 못나 보일 때가 많습니다. 그럴 때 상처받은 자신을 토닥이지 않고 질책하면 여유는 사라지고 마음만 더 조급해집니다. 다른 사람들의 등만 쫓아 살다 보면 결국 '원래의 나'는 없고 다른 이의 행복을 흉내 내는 누군가만 남을 뿐입니다.

세상의 모서리에 부딪혔을 때, 결국 나를 지켜주는 것은 사소하다 여겼던 행복의 조각들입니다. 나를 응원해주는 친구들, 사랑하는 아내와 남편 그리고 아이들, 열심히 일한 후 떠나는 여행, 비 온 뒤 만나는 신선한 공기, 마음 통하는 사람들과의 담소, 하루를 마무리하는 따뜻한 차 한 잔 같은 것들 말이죠.

이처럼 내가 현재 누리고 있는 작지만 확실한 행복이 무엇인지 깨닫는다면 마음은 보다 여유로워지고 진정한 인생의 행복을 만나게 될 것입니다.

일러두기
1. 중국어 인명은 신해혁명(1911년) 이전의 인물은 한자의 음으로 표기하고, 이후의 인물은 중국어 중 푸퉁화 발음을 기준으로 하였다. 하지만 한자음으로 더 많이 통용되는 표기가 있을 경우에는 그에 따랐다. 필요한 경우 괄호(( ), [ ]) 안에 한자를 병기하였다.
2. 중국의 지명은 현재 쓰이지 않는 것은 한자음대로 하고, 현재 지명과 동일한 것은 중국어 표기법에 따라 표기하되, 필요한 경우 괄호(( ), [ ]) 안에 한자를 병기하였다.
3. 사자성어나 고전의 내용이 인용된 부분은 원문이 병기된 경우, 독자의 가독성을 위해 한자 위에 독음을 첨자로 넣었다. 원문의 해석 및 한자어는 일반적으로 통용되는 것을 기준으로 하였다.
4. 한자는 번체자로 표기하였다.
5. 본문 내용 중 언급된 책은 겹낫표(『 』), 한 편의 글이나 잡지는 홑낫표(「 」), 시나 노래 제목은 홑따옴표(' ')로 구분하였다.

차례

내딛는 말: 오늘도 인생 여정을 걷는 당신에게

1장
 누가 뭐라 해도 내가 즐거운 삶 —— 10

마음 가는 대로 살아라
여유로운 마음가짐
이런 인생도 있고 저런 인생도 있다
인생의 맛
마음의 거울을 보아라
마음속 먼지를 쓸어내는 연습
바보에겐 바보의 복이 있다
완벽하지 않아서 좋은 것들
결함의 미학

2장
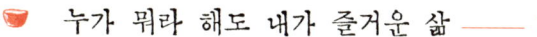 내려놓으면 자유롭다 —————— 62

내려놓으면 홀가분하다
내려놓음의 철학
버릴 줄 아는 지혜
모든 선택은 마음에 달렸다
외로움의 다른 말, '수행'
혼자의 시간을 즐겨라
돈으로 살 수 있는 행복은 없다
행복은 사람을 가리지 않는다
인연은 강물처럼 흐른다

3장

다시 어린아이의 마음으로 ──── *106*

아이의 눈으로 세상을 보다
단순할수록 즐겁다
내 안의 나와 마주하기
행복으로 가는 지름길
비교는 무의미하다
자신감이 '참다운 나'를 완성시킨다
나만의 향기를 찾아서
단순하게 사는 것도 능력이다
오늘을 살아라

4장

거친 바람에도 쓰러지지 않는 풀처럼 ─ *152*

인생의 산봉우리
마음은 시련 위에서 싹튼다
인생에 '만약'이란 없다
매일 다행스러운 삶
한 가지에 몰입하라
한 걸음이 천리를 만든다
행복은 어디에서 오는가
일과 행복의 상관관계
운명의 갈림길

5장
지금 내 곁에 있는 것들의 소중함 —— 194

물 한 잔의 의미
평범한 것들의 위대함
사랑하는 것을 선택하고, 선택한 것은 사랑하라
이혼 식당의 메인 요리
결혼은 함께 방을 꾸미는 것과 같다
당신의 곁을 지킬 한 사람
지금 사랑하라
사랑을 지혜롭게 가꾸는 법

6장
베푸는 삶이 아름답다 —— 240

조금 더 관대해져도 괜찮다
화내지 않고 사는 법
화가 났을 때는 아무 결정도 내리지 마라
오해는 오해를 만들 뿐
누구에게나 비는 내린다
베푸는 인생이 아름답다
진실한 마음만 있다면 무엇이든 나눌 수 있다
인생에서 가장 가치 있는 일
진정한 사랑은 소유하려 하지 않는다

마음이 가는 대로 사는 사람은

자신의 신념을 용기 있게 주장하고 지켜나간다.

이런 사람은 자기 마음을 누구보다 잘 이해하고 있으며

세상의 유혹에 흔들리지 않고 일정한 틀에 스스로를 구속하지도 않는다.

또한 마음속으로 생각하는 바를 실천할 줄 알고

원하는 인생을 추구하며 온전히 자신을 위해 삶을 즐긴다.

1장

누가 뭐라 해도 내가 즐거운 삶

사소한 것들로부터의 위로

마음 가는 대로
살아라

평탄하기만 한 인생은 없다. 누구나 살면서 갖가지 우여곡절을 경험하고 수없이 많은 선택의 기로에 놓인다. 중요한 갈림길에 서서 갈팡질팡하고 불안할 때, 어려운 일을 당해 마음이 번잡하고 고통스러울 때 우리는 누군가 나서서 자신에게 인생 지침을 내려주기를 바란다. 혼란스러운 감정에서 벗어나 올바른 결정을 내리고 여러 자질구레한 문제들에 지혜롭게 대면할 수 있도록 말이다.

어떻게 하면 마음의 평화를 찾고 인생을 여유롭게 즐길 수 있을까? 어떻게 하면 먹구름 낀 인생에 밝고 맑은 기운을 불어넣을 수 있을까? 많은 사람들이 이런 고민을 한다. 그런데 인생에서 겪는 문제들의 답은 생각보다 간단하다. 그리고 대부분의 사람들이 이미 그 답을 알고 있다.

바로 '마음 가는 대로 살자.'이다. 마음 가는 대로 산다는 건 내면에서 우러나오는 마음의 소리를 귀 기울여 듣고 행동하는 것이다. 즉 다른 사람이나 상황에 제약을 받지 않고 오롯이 자신만의 인생 궤적을 그려나가는 걸 말한다.

마음이 가는 대로 사는 사람은 자신의 신념을 용기 있게 주장하고 지켜나간다. 이런 사람은 자기 마음을 누구보다 잘 이해하고 있으며 세상의 유혹에 흔들리지 않고 일정한 틀에 스스로를 구속하지도 않는다. 또한 마음속으로 생각하는 바를 실천할 줄 알고 원하는 인생을 추구하며 온전히 자신을 위해 삶을 즐긴다. 다른 사람들이 나를 어떻게 바라보고 평가하느냐는 인생의 가치를 판단하는 데 전혀 영향을 주지 않는다. 이렇게 또렷한 마음가짐을 유지하다 보면 인생의 목표를 실현하고 행복하고 완전한 삶을 살 수 있을 것이다.

"정자 밖, 옛 길가에는 푸른 풀이 하늘과 맞닿아 있다." 중국 근대 문예의 선구자로 꼽히는 이숙동(李叔同)이 지은 가곡 '송별(送別)'의 한 구절이다. 그는 일생 동안 시, 그림, 음악 등 다양한 예술 분야에 조예가 깊었다. 그를 더욱 높이 평가할 만한 것은 '마음을 육체의 노예로(心爲形役)'[1] 삼지 않은 그의 인생관이다.

젊은 시절 이숙동의 삶은 완벽에 가까워 보였다. 그는 톈진(天津)에서 거상의 아들로 태어났고 어려서부터 용모가 출중했다. 엄격한

---

1   중국의 대표적 시인 도연명(陶淵明)의 '귀거래사(歸去來辭)'에 나오는 구절로 마음이 육체의 부림을 당하는 것, 다시 말해 물질적인 만족으로 인하여 정신이 육체의 노예가 되어 본심을 지키지 못하는 것을 말한다.

가정교육을 받아 이후 어엿한 신사로 성장했고 뛰어난 학식과 타고난 근면함으로 문인이자 국내외로 이름이 알려질 만큼 유명한 화가가 되었다. 청년 시절 그는 일본으로 유학을 떠났고 그곳에서 결혼해 아이를 낳았다. 이렇듯 이숙동은 일에서 성공을 거두었고 집안은 부유했으며 화목한 가정도 꾸렸다. 보통 사람들이 꿈꾸는 모든 것을 다 누리고 있었던 셈이다.

하지만 1918년 8월의 어느 날, 당시 서른아홉 살의 이숙동은 항저우(杭州)에 위치한 호포정혜사(虎跑定慧寺)라는 절에 들어가 요오대사(了悟大師)의 제자가 되어 연음(演音)이라는 법명을 받았다. 가족들과 친구들은 그의 갑작스러운 결정을 이해하지 못했고 몇 번이나 찾아가 돌아오라고 설득했다. 그러나 이숙동은 이를 모두 거절했다. 사람들이 세속을 떠나 불문에 귀의한 이유를 물을 때면 그는 언제나 담담하게 대답했다.

"그렇게 하고 싶다는 생각이 들어서 그런 것뿐입니다."

결국 당시 중국화의 대가였던 김지용(金智勇)이 항저우에 가서 이숙동을 직접 만나 연유를 물었을 때에야 그는 이렇게 대답했다.

"내가 이 분야에서 최고가 될 자신이 있기 때문일세."

이후 자신의 말을 증명이라도 하듯 줄곧 전심으로 불법을 연구한 이숙동은 불교 철학의 대가가 되었고 사람들은 그를 홍일대사(弘一大師)라 칭했다.

사람은 길어야 백 살 정도밖에 살지 못한다. 유아기와 학창시절 그리고 먹고 자는 등 기본적으로 필요한 시간을 제외하고 나면 우리에게 남은 시간은 더욱 제한적이다. 짧게는 몇십 년밖에 되지 않는 시간 동안 인생을 근사하고 후회 없이 살려면 마음 가는 대로 살아가는 패기가 필요하다. 홍일대사는 이러한 패기가 있었기에 과감히 자신의 인생을 변화시키고 성취할 수 있었다.

인생은 눈 깜짝할 사이에 지나가버린다. 그러니 세상에 흔들리지 말고 자신의 인생을 스스로 지배하고 어떤 선택을 하든 마음이 이끄는 길로 가야 한다. 마음 가는 대로 살아간다면 먼 훗날 지나온 날들을 돌이켜봤을 때, 허송세월했다는 후회만큼은 하지 않을 것이다.

물론 이러한 패기는 아무나 가질 수 있는 것이 아니다. 많은 이들이 자신의 의지가 아닌 주변 환경에 의해 좌지우지된다. 그 결과 명예와 이익의 유혹에 자신의 참모습을 잃어버리고 다른 사람들의 평가에 스스로를 의심하며 조그만 실패에도 쉽게 포기해버린다. 이들은 자신이 누구인지 무엇을 원하는지 정확히 알지 못하고, 혹 알고 있다 하더라도 쟁취할 용기가 없는 사람들이다.

예를 들어 자신의 흥미가 무엇이고 어디에 소질이 있는지는 생각해보지 않고 부모가 미래를 결정하도록 놔두는 이들이 있는가 하면, 가족들의 의견에 따라 직장을 선택하고 자신이 원하지도 않는 삶을 살아가는 이들도 있다. 또 누군가는 마음속으로 어떻게 하고 싶은지 분명히 알면서도 이런저런 걱정에 우물쭈물한다. 이렇게 원하는 대로 하지 못하면 계속 억눌렸던 욕망이 엉뚱한 데서 표출되어 평소라면 전혀 하지 않을 말이나 행동이 튀어나오고 만다.

이런 사람들은 타인과 사회가 요구하는 대로 끌려다니면서 자신의 인생을 변화시키고 인간관계를 개선하고자 한다. 하지만 자아를 상실한 사람은 타인의 존중이나 사랑을 받을 수 없을 뿐만 아니라 자기 인생도 혼란에 빠뜨린다. 결국은 외적인 것과 남을 위해 살 뿐, 정작 자신을 위해서는 살지 못하는 것이다.

인생을 누리는 가장 간단한 방법은 남들이 뭐라고 하든 내가 즐거운 삶을 사는 것이다. 세상의 관념이 어떠하든 세상의 시선이 어떠하든, 또 최후의 결과가 어떠하든 마음 가는 대로 살아보자. 그래야만 인생 여정에서 아무 의미도 없는 걱정과 두려움을 떨쳐버리고 흔들림 없이 나아갈 수 있다.

여유로운
마음가짐

우리는 일생 동안 수많은 선택을 해야 한다. 크게는 인생의 방향을 뒤바꾸어 놓을 만한 중요한 선택부터 작게는 일상의 소소한 선택까지 시시때때로 다양한 결정을 내려야 한다. 앞서 말했듯이 마음 가는 대로 할 수 있는 용기가 있다면 이러한 선택과 결정의 순간 앞에서 더욱 침착하고 자유로울 수 있을 것이다. 『세설신어(世說新語)』[2]에는 다음과 같은 이야기가 기록되어 있다.

동진(東晉) 시기 서예가 왕희지(王羲之)의 셋째 아들 왕휘지(王徽之)는 천성이 호방하고 어떤 것에도 잘 얽매이지 않는 사람이었다. 어느

---

2   중국 남북조 시대 송(宋)나라 출신의 유의경(劉義慶)이 편찬한 중국 후한(後漢) 말부터 동진까지의 저명인의 일화를 모은 책.

해 겨울, 함박눈이 계속 내리다가 며칠 후 저녁 무렵에서야 멈추었다. 왕휘지가 창을 열고 밖을 바라보니 밝은 달이 하얗게 쌓인 눈을 비추고 있는데 그 모습이 마치 사방에 하얀 꽃들이 눈부시게 피어 있는 것 같았다. 그는 아름다운 경치를 보자 흥이 올라서 가족들에게 술상을 봐오라 시키고 홀로 정원에 앉아 술을 마시기 시작했다.

그런데 문득 거문고 소리가 곁들여지면 더욱 완벽할 것 같다는 생각이 들었다. 그는 이내 거문고를 잘 켜는 친우인 화가 대규(戴逵)를 떠올렸다. 당시 대규는 섬계(剡溪)에 살고 있었는데 왕휘지가 사는 곳과는 거리가 꽤 멀었다. 하지만 그는 조금도 개의치 않고 하인을 불러 배를 타고 대규의 집으로 향했다.

그렇게 밤을 새워 배를 타고 먼 길을 가서 이윽고 섬계에 도착할 무렵, 갑자기 왕휘지가 하인에게 배를 돌리라고 말했다. 하인은 어리둥절한 표정으로 여기까지 왔는데 왜 대규를 만나고 가지 않느냐고 물었다. 그러자 왕휘지는 담담하게 말했다.

"흥이 일어 왔다가 흥이 다해 돌아가는 것뿐이라네. 그러니 대규를 반드시 보고 가야 할 이유가 있겠는가(오본승흥이행 흥진이반 하필견대 吾本乘興而行, 興盡而返. 何必見戴)."³

"흥이 일어 왔다가 흥이 다해 돌아간다." 친구가 보고 싶을 때는 아무리 먼 거리도 아무리 큰 수고도 마다하지 않지만, 흥이 사라지고 나

---

3   이 고사를 일컬어 '섬계방대(剡溪訪戴)'라 한다.

면 친구의 집이 아무리 지척에 있다고 하더라도 무슨 의미가 있겠는가? 이때 친구를 정말로 만나느냐 마느냐는 이미 중요하지 않다. 가장 중요한 것은 친구를 그리워하던 그 순간을 누렸다는 것이다. 이는 왕휘지의 자유롭고 시원시원한 성격을 잘 보여주는 대목이다.

우리는 살면서 너무 많은 일에 대해 걱정하고 주저한다. 그래서 아주 작은 바람조차 이루지 못하는 경우가 많다. 예를 들어 여행을 가고 싶어도 경비를 쓰고 나면 줄어든 통장 잔고 때문에 살림에 지장이 생기지는 않을까, 여행을 다녀오면 업무가 너무 많이 밀려 있는 건 아닐까 하는 걱정 때문에 결국 실행하지 못한다.

또 왕휘지처럼 친구가 그리워 만나고 싶어도 바쁘다는 핑계로 혹은 우정이 예전 같지 않으면 어쩌나 하는 걱정 때문에 미루고 미루다 결국 만나지 못한다. 새로운 스타일의 옷을 입고 싶지만 사람들의 시선이 두려워 입지 못한다거나, 사랑한다고 고백하고 싶지만 거절당하면 창피할까 봐 끝내 말하지 못하고 인연을 놓쳐버리는 경우도 그렇다.

하고 싶은 말을 못 하고 하고 싶은 일을 못 한 채 걱정하고 고민만 쌓이니 피곤하지 않을 수가 없다. 이런 마음으로 살다 보면 오해하고, 실수하고, 후회하는 일이 생기는 게 당연하다. 누구나 울고 싶을 때 울고, 웃고 싶을 때 웃어도 된다. 억지로 감추고 망설일 필요가 없다. 자신의 마음을 불필요한 속박에서 해방시키고 나면 마음의 소리에 귀 기울이고 말하고 행동하게 되어 의미 없는 걱정은 자연히 줄어들 것이다.

물론 사람은 세상에 자기 혼자만 사는 것이 아니므로 완전히 제멋대로 사는 것은 불가능하며 주변 환경으로부터 자유롭기도 쉽지 않다. 마음에 들지 않는 일도 있고, 어려운 길도 있고, 기분이 우울할 때도 있을 것이다. 이럴 때는 자신의 현재 상황에 적응하고 긍정적으로 보는 법을 배워야 한다. 이에 대해 공자(孔子)는 "이미 왔으면 받아들이고 편안하게 해야 한다(既來之, 則安之)."고 말했다.[4] 이는 기쁨과 슬픔, 이별과 만남 등의 온갖 세상살이를 너그러운 마음으로 받아들이라는 뜻이다.

> 한 산사에 동자승이 새로 왔다. 그는 후원의 풀들이 누렇게 시든 것을 보고 스승에게 달려가 말했다.
> "사부님, 후원의 풀들이 시들어서 보기가 안 좋아요. 빨리 가서 새로운 풀씨를 사다가 뿌려야겠어요."
> 그러자 스승이 느긋하게 말했다.
> "다음에 시간이 될 때 가서 사오자꾸나. 아무 때고 뿌리면 되는 것을 왜 그리 서두르느냐. 적절한 때가 있을 것이다."
> 스승은 계절이 바뀌어 가을이 되고 나서야 풀씨를 사와 동자승에게 건넸다.
> "여기 있다. 가서 뿌리고 오너라."
> 동자승은 들뜬 마음으로 후원에 갔다. 그런데 바람이 세게 불어 풀씨를 뿌리자마자 모두 흩어져 날아갔다. 동자승이 스승에게 급

---

[4] 『논어(論語)』 「계씨(季氏)」 제십육편 염유(冉有)와의 대화 중 "夫如是故, 遠人不服, 則修文德以來之. 既來之, 則安之(무릇 먼 곳의 사람들이 복종하지 않으면, 문덕의 힘을 발휘하여 그들을 따라오도록 하고, 그들을 따라오게 하였으면 편안하게 해줘야 한다)."

히 달려가 말했다.

"사부님, 큰일 났어요! 풀씨들이 바람에 날아가요."

스승은 이번에도 느긋하게 말했다.

"괜찮다. 날아가는 씨들은 대부분 속이 빈 것일 게야. 그런 것들은 땅에 떨어져도 싹을 못 틔운단다. 그러니 무엇을 걱정하느냐? 씨앗의 본성에 맡겨두자꾸나."

그런데 이번에는 새들이 날아와 씨앗들을 주워 먹었다. 동자승이 다급하게 말했다.

"사부님, 새들이 씨앗을 먹고 있어요! 이러다 내년 봄에 풀이 하나도 안 나면 어쩌죠?"

스승이 대답했다.

"괜찮다. 이렇게나 씨앗이 많으니 새들이 다 먹지는 못할 거야. 내년에 이곳에 풀이 돋아날 테니 걱정하지 말거라."

설상가상으로 그날 밤 큰 비가 쏟아졌다. 동자승은 풀씨들이 빗물에 씻겨 내려가면 어쩌나 걱정이 되어 뜬눈으로 지새웠다. 그리고 이튿날, 날이 밝자마자 풀밭으로 달려갔다. 예상대로 씨앗들이 빗물에 씻겨 내려가 보이지 않았다. 동자승이 스승에게 달려가 말했다.

"사부님, 어젯밤 비가 많이 내려 풀씨들이 모두 씻겨 내려갔어요. 이제 어쩌면 좋죠?"

스승은 여전히 느긋했다.

"초조해할 필요 없단다. 씨앗이 어디론가 흘러갔다면 그곳에서 싹을 틔우겠지. 그건 풀씨의 운명이란다."

봄이 되자 스승의 말대로 후원에는 푸른 싹이 돋아났고 씨를 뿌리지 않은 곳에서도 싹이 텄다. 동자승이 기뻐서 폴짝폴짝 뛰며 스승에게 이 소식을 전하러 갔다.
"사부님, 여기저기서 풀이 자라고 있어요!"
스승은 천천히 고개를 끄덕이며 담담하게 말했다.
"기쁘구나."

이 이야기 속 스승은 진정 인생을 즐길 줄 아는 사람이다. 그는 어떤 상황이 닥쳤을 때 억지로 그것을 바꾸려고 하거나 결과에 집착하지 않고 침착하고 자연스럽게 대처한다. 이는 동자승처럼 늘 초조하고 걱정 많은 우리가 배워야 할 자세이다.
 스승은 적절한 때를 기다리고 사물의 본성을 이해하며, 운명을 존중하고 일어난 일에 기뻐하라고 일러준다. 서두를 필요가 있는가? 언제든지 할 수 있는 일 때문에 눈앞에 아름다운 풍경을 놓치고 여유를 잃으면서까지 말이다. 걱정할 필요가 있는가? 만물은 조화를 이루고 모든 일의 발생과 결과는 저마다의 운명을 따른다. 초조해할 필요가 있는가? 이미 비가 내리기 시작한 바에야 어떻게 해도 그 상황을 바꿀 수는 없다. 그것이 가져다줄 결과를 받아들이면 된다. 인연이 닿으면 만나고 인연이 다하면 헤어지는 것처럼 모든 일에 초연해져 보자. 그러면 크게 놀랄 것도 원망할 일도 없다. 얼마나 많이 얻었든 또 얼마나 많이 잃었든 결과는 상관없다. 어떤 경험이든 모두 값진 인생의 발자취 아니겠는가.

처한 현실을 받아들이고 긍정적으로 보는 것은 앞으로 나아가는 것을 포기하고 안주하라는 의미가 아니다. 그저 예측하기 힘든 상황과 피해갈 수 없는 어려움 앞에서 조금 더 침착해져 보자는 뜻이다. 『채근담(菜根譚)』[5]에는 이런 구절이 있다. "세상만사가 다 인연에 의한 것이니 처한 상황에 따르면 평안할 것이다(萬事皆緣, 隨遇而安 / 만사개연 수우이안)."

살면서 자신의 힘으로 어찌해볼 수 없는 상황을 만나면 담담하게 받아들이고 그것에 적응해보자. 걱정하고 고민한다고 변하는 것은 아무것도 없다. 그러니 눈앞에 닥친 상황에서 긍정적으로 변화시킬 만한 요소 먼저 찾는다면 마음이 한결 편안해질 것이다. 마음 가는 대로 사는 것과 주어진 현실을 기쁜 마음으로 받아들일 수 있는 지혜 사이에 적절한 균형점을 찾을 때, 우리는 어떤 시련과 변화 앞에서도 여유를 잃지 않을 수 있다.

---

[5] 중국 명(明)나라 말기에 문인 홍자성(洪自誠)이 저작한 어록집.

이런 인생도 있고
저런 인생도 있다

'내가 저 사람처럼 된다면 어떨까.'
'저런 인생을 살 수 있다면?'
'저 물건을 손에 넣을 수 있다면 얼마나 좋을까!'
'저런 외모를 가질 수 있다면 소원이 없을 텐데!'
'이건 내가 원하는 인생이 아니야. 열심히 노력해서 바꾸지 않으면 난 영원히 행복할 수 없을 거야.'

이렇게 내가 같이 갖지 못한 것에 대한 수많은 가정과 의문들은 종종 우리 머릿속을 어지럽히고 평정심을 잃게 만든다.

때로는 이런 생각들이 개인의 역량을 발전시키고 앞으로 나아가게 하는 동력이 되기도 하지만, 지나친 기대와 비교는 현재의 삶을 방해하고 근심과 걱정을 안겨줄 뿐이다. 지금 내 인생은 만족스럽지 않으니 삶의 방식을 바꿔 아름답고 찬란한 인생을 살아보자는 막연한 생각은 어느새 예리한 칼날이 되어 사람들의 연약한 신경을 자꾸 건드린다.

하지만 세상에 절대적으로 완벽한 사람이나 완벽한 인생은 없다. 행복 또는 불행은 개인의 느낌일 뿐이다. 다른 이의 눈에는 행복해 보이는 사람도 자신이 가진 것에 만족하지 못하고 소중히 여기지 않는다면 늘 근심에 가득 차 있을 것이고, 그저 그런 인생처럼 보여도 모든 일에 감사하는 마음을 가지고 기뻐할 줄 아는 사람이라면 누구보다 가벼운 발걸음으로 하루하루를 살아갈 것이다. 이에 교훈이 될 만한 우화를 하나 살펴보자.

바다에서 멀지 않은 작은 연못, 청개구리 한 마리가 소박하지만 즐겁게 살고 있었다. 그런데 어느 날 친구들이 찾아와 청개구리에게 이렇게 말했다.
"우리 저 큰 바다에 가서 살자. 듣자 하니 세상에서 가장 행복한 사람은 바로 저 바다에 사는 용왕님이래."
하지만 청개구리는 고개를 저으며 말했다.
"우리는 청개구리야. 큰 바다에는 어울리지 않아. 게다가 난 지금 내 생활에 굉장히 만족하는데 용왕님의 행복이 무슨 상관이야?"
어느 날 청개구리는 해변을 산책하다가 우연히 용왕을 만났다. 호기심이 생긴 청개구리는 용왕에게 물었다.

"모두 용왕님이 세상에서 가장 행복하다고 말하는데 용왕님이 사는 곳은 어떤가요?"

용왕이 대답했다.

"내가 사는 궁전은 진주와 조개껍데기로 만들어졌단다. 처마는 화려하고 기둥은 튼튼하며 아름답지. 아주 근사한 곳이야. 네가 사는 곳은 어떠하냐?"

청개구리가 말했다.

"제가 사는 곳은 아름다운 음악 같은 물소리가 들리고 초록색 이끼가 예쁘게 덮여 있답니다."

청개구리가 다시 물었다.

"그러면 용왕님은 기분이 좋을 때, 그리고 화가 날 때는 어떻게 하세요?"

용왕이 말했다.

"우선 기분이 좋을 때는 단비를 내려 대지를 적시고 곡식이 풍성하게 자라도록 한단다. 그리고 화가 날 때는 큰 바람을 일으키고 천둥 번개가 치도록 해서 천 리 안에 풀 한 포기도 남아 있지 못하게 하지. 너는 어떻게 하니?"

"저는 기분이 좋을 때 시원한 바람을 맞으며 밝은 달 아래서 노래를 불러요. 화가 날 때는 눈을 크게 뜨고 배를 잔뜩 부풀리고요. 그래도 화가 가라앉고 배가 다시 홀쭉해질 땐 모든 일이 끝나 있죠."

청개구리가 대답했다.

용왕은 용왕이 느끼는 기쁨이 있고 청개구리는 청개구리만의 즐거움이 있으니 서로 부러워할 필요도, 삶의 모양새를 바꾸자고 스스로에게 강요할 필요도 없다. 호화로운 궁전에 사는 용왕도 누구나 그렇듯 기분 좋을 때가 있고 화가 날 때가 있다. 청개구리는 작은 연못에 살지만 언제나 자신의 삶을 긍정적으로 바라보며 자유롭게 살고 있다. 이 우화 속 청개구리는 굉장히 현명하다. 다른 이들이 무엇을 가졌는지 관심두지 않고 온전히 자신의 삶을 누릴 줄 알기 때문이다.

지금의 '나'는 용왕인가 청개구리인가. 무엇이든 상관없다. 내가 어떤 일을 하든, 어떤 삶을 살고 있든 하루하루 편안한 마음으로 즐겁게 살아간다면 모두가 근사한 인생인 것이다.

사람은 누구나 자신만의 생활 방식이 있고 각자의 방법으로 즐겁고 행복할 수 있다. 또한 모든 것이 완벽하고 평탄하기만 한 인생은 없으며 누구에게나 후회는 남는다. 그러므로 다른 사람을 부러워해서 괜한 근심을 만드는 어리석은 짓은 하지 말자.

인생의 맛

 귀한 웅장(熊掌, 약재로 사용하는 곰의 발바닥)도 누군가에겐 명약이지만 다른 누구에게는 독약이 될 수 있다. 이 말은 다른 사람에게 어울리는 것이 내게도 어울린다는 법이란 없고, 다른 사람을 행복하게 해주는 생활 방식이 내게는 고통을 줄 수 있으며, 누군가에게는 보물 같은 물건이 내게는 아무 쓸모없는 물건일 수도 있다는 뜻이다. 어쩌면 지금 당신이 부러워하는 그 누군가는, 도리어 당신을 부러워하고 있을지도 모른다.

 남의 떡이 커 보이고 반대로 내 현실은 엉망이라고 생각해봤자 우리 삶에 아무런 도움이 되지 않는다. 오히려 현재 누리고 있는 것의 소중함을 잊게 만들어 주어진 행복마저 놓치게 할 뿐이다.

옛날 한 무리의 제자들이 성지 순례를 떠나기 전 스승에게 마지막으로 당부할 것이 있는지 여쭈었다. 스승은 고개를 저으며 말했다.
"너희에게 특별히 당부할 일은 없구나. 다만 여기 여주[6]가 있으니 가는 길에 만나는 강마다 잠시 담가두었다가 성지에 도착하면 제단에 올려놓고 참배를 하거라."

스승은 여주를 가져와 제자들에게 주었다. 제자들은 스승의 뜻을 이해하지 못했지만 일단 받아들이고 스승의 말대로 했다. 그들은 순례길에 강을 지날 때마다 여주를 잠시 담가두었고, 성지에 도착하면 제단에 공양을 올리고 참배를 드렸다. 그러는 동안 여주는 어느새 제자들에게 신성한 성물 같은 존재가 됐다.

순례에서 돌아온 제자들은 스승에게 여주를 다시 건넸다. 그들은 스승이 여주를 제단에 공양할 거라 생각했지만 뜻밖에도 스승은 저녁 식사 때 여주를 요리해 내오라고 명했다. 제자들은 어리둥절해서 서로의 얼굴만 쳐다볼 뿐이었다.

저녁 식사 자리에서 제자들은 아무도 먼저 여주에 손을 댈 엄두를 내지 못하고 스승의 눈치만 봤다. 스승은 제자들의 표정을 살피고는 보일 듯 말 듯 미소 지으며 여주를 한 입 베어 먹은 후 이렇게 말했다.

"참 이상한 일이구나. 그렇게 많은 강물에 담그고 성전에서 참배도 드렸건만 아직도 이렇게 쓰다니. 전혀 달콤해지지 않았구나."

그제야 제자들은 스승의 깊은 뜻을 알아차렸다. 스승은 강물에 담

6　타원형의 박과 식물로, 혹 같은 돌기로 덮여 있다. 쓴맛이 나서 고과(苦瓜)라고도 불린다.

그거나 정성껏 참배를 드린다고 해서 여주 본래의 쓴맛을 단맛으로 바꿀 수 없다는 사실을 알려주려 했던 것이다.

우리가 살면서 마주하는 일들도 마찬가지이다. 애써 바꾸려고 하기보다는 본질을 정확히 바라보고 이해하는 지혜를 가져야 한다. 사실 어떤 인생이든 즐거운 일이 있으면 괴로운 일도 있기 마련이다. 음식에 단맛, 짠맛, 쓴맛, 신맛이 있는 것과 마찬가지이다. 쓴맛을 느끼지 못한다면 어떻게 달콤함을 느낄 수 있단 말인가. 여러 가지 맛이 조화롭게 어우러져야 맛있게 느껴지는 것처럼 단조롭지 않은 인생이야말로 행복의 원천이다.

중국의 고승 홍일대사에게 어느 날 친구 하개존(夏丏尊)[7]이 찾아왔다. 저녁 식사 시간이 되어 밥상 앞에 앉았는데 반찬이라고는 장아찌 하나밖에 없었다. 홍일대사와 젊은 시절부터 가깝게 지낸 하개존은 그가 지난날 얼마나 풍족하게 살았는지 알고 있었기에 의아해하며 물었다.
"자네, 장아찌만 먹으면 짜지 않은가?"
홍일대사가 대답했다.
"짜지만 짠 대로도 맛있지 않은가."
식사를 마친 후 홍일대사는 맹물을 한 그릇 따라 마셨다. 하개존이 다시 물었다.

---

[7] 중화민국 시대의 저명한 문학가이자 언어학자 겸 교육자이다.

"차를 마시지 않고 어째서 아무 맛도 없는 맹물을 마시는 겐가?"
홍일대사가 웃으며 말했다.
"맹물은 싱겁지만 싱거운 대로 충분히 맛있다네."

홍일대사는 앞서 언급한 이숙동이다. 속세의 화려함을 뒤로하고 불가에 귀의한 그가 어떤 마음가짐으로 인생을 살아갔는지 엿볼 수 있다. 물론 짜디짠 장아찌 하나만 올라간 초라한 밥상보다는 산해진미가 가득한 밥상이 좋고, 아무 맛도 없는 맹물보다는 향긋한 차가 좋을 것이다. 하지만 인생이 늘 뜻대로 되는 건 아니다. 살다 보면 내 마음대로 되지 않는 일도, 아쉬운 일도 많다. 기왕 그렇게 된 바에야 어찌겠는가? 원망하고 불평하면 평정심을 잃고 더 우울해질 뿐이다. 차라리 마음을 가다듬고 눈앞에 닥친 상황을 담담히 즐기자. 진수성찬이 아니더라도 든든히 배부를 수 있고 향긋한 차가 아니라 싱거운 맹물이라도 갈증을 해소하기에는 충분하다.

인생은 한 폭의 그림과 같다. 화려한 수채화든 정갈한 소묘든 나름의 독특한 아름다움이 있다. 중요한 것은 각각의 그림에서 아름다움을 발견하고 감상할 수 있는 안목이다.

홍일대사는 장아찌와 맹물의 맛을 모를 만큼 미각이 둔한 것이 아니었다. 다만 그는 짠맛과 싱거운 맛의 경계를 초월해 장아찌에서 느껴지는 깊은 맛과 맹물에서 느껴지는 시원함을 즐길 수 있게 된 것이다. 우리 인생에도 여러 가지 맛이 존재한다. 성공은 달고, 이별과 상실은 쓰며, 매일 반복되는 일상은 싱겁다. 하지만 살면서 느끼는 가지각

색의 맛을 가만히 음미하듯 받아들인다면 각각의 의미와 행복을 발견할 수 있을 것이다. 행복한 인생은 삶 그 자체에서 만들어지는 것이 아니라 우리가 인생의 매순간을 얼마나 기쁘고 즐겁게 받아들이느냐에 달렸기 때문이다.

마음의 거울을
보아라

사람은 외모를 가꾸는 것보다 영혼을 가꾸는 걸 더 중요시해야 한다. 옷차림이 아무리 단정하고 멋있어도 거만하고 무례하게 군다면 누가 그 사람을 좋아하겠는가? 반면 겉모습이 평범하고 수수해도 고귀한 품성을 지닌 사람은 많은 이들로부터 존경받는다.

"몸은 깨달음의 나무요, 마음은 밝은 거울대 같으니 때때로 털고 닦아서 먼지가 쌓이지 않도록 해야 한다(身是菩提樹, 心如明鏡臺. 時時勤拂拭, 莫使惹塵埃)." 중국 선종(禪宗)의 신수대사(神秀大師)는 이처럼 세상 사람들에게 마음의 거울을 언제나 깨끗이 닦고 가꾸어야 한다고 가르침을 주었다.

인간은 처음 태어났을 때는 모두 마음이 순수하고 맑다. 욕망이나 잡념이 없고 근심과 괴로움도 없다. 다음 이야기를 살펴보자.

고대 인도의 도시 슈라바슈티에 거리를 청소하는 여자 청소부가 있었다. 그녀는 하루도 빠지지 않고 거리를 깨끗이 쓸고 닦았지만, 할 일이 너무 많아서 쉴 틈이 없었다. 그래서 그녀의 옷은 항상 더럽고 몸에서는 고약한 냄새가 났다. 사람들은 모두 그녀를 멀리했고 옆을 지나갈 때면 얼굴을 찌푸리며 코를 막았다. 하지만 석가모니는 달랐다. 그는 매일 그녀를 불당으로 초대해 교리를 듣게 하고 격려를 아끼지 않았다. 석가모니의 행동에 사람들은 반발하며 이렇게 물었다.

"늘 깨끗하게 살고, 깨끗한 마음을 가지라고 말씀하시면서 저렇게 더러운 여인을 왜 가까이하시는 겁니까? 혐오스럽지도 않으세요?"

그러자 석가모니가 진지하게 말했다.

"이 여인은 매일 우리의 도시를 깨끗하게 해주니 그 노고가 참으로 크지 않느냐? 이렇게 부지런하고 책임감 있는 여인을 내가 어찌 미워하겠느냐?"

그때 목욕을 마치고 옷을 갈아입은 청소부 여인이 사람들 앞에 나타났다. 깨끗해진 그녀의 얼굴에서는 광채가 났다. 석가모니가 이를 보고 말했다.

"너희는 겉모습이 단정하고 깨끗할지는 모르나 마음은 어지럽고 더럽혀져 있다. 저 여인의 몸에 묻은 더러운 먼지와 냄새는 쉽게 씻어낼 수 있지만 너희의 더럽혀진 마음은 쉽게 씻어낼 수 없다."

사람들은 석가모니의 따끔한 지적에 부끄러워 고개를 들지 못했고 다시는 겉모습만 보고 다른 사람을 놀리거나 비웃지 않았다.

우리는 매일 여러 가지 일을 겪으며 많은 생각을 하고 다양한 감정을 느낀다. 그런데 이러한 생각과 감정들은 저절로 사라지는 것이 아니라 마음속에 차곡차곡 쌓여나간다. 그래서 제때 청소해주지 않으면 마음속에 세상의 먼지가 한 층 한 층 뒤덮이고 이롭지 않은 감정들이 쌓여 나를 둘러싼 세상과의 소통이 막혀버린다. 그 결과 헤어나올 수 없는 집착과 망상에 빠지게 되는 것이다.

컴퓨터를 사용하는 사람이라면 소프트웨어를 많이 설치할수록 작동 속도가 점점 느려진다는 사실을 잘 알 것이다. 작동 속도를 일정 수준 유지하려면 수시로 필요 없는 문서와 프로그램을 삭제해야 한다. 그렇지 않으면 컴퓨터가 자주 다운되거나 언젠가 시스템이 완전히 멈춰버릴 것이다. 사람의 마음도 똑같다. 우리가 경험한 일들은 컴퓨터에 설치된 소프트웨어와 같다. 그것들은 모두 마음속에 흔적을 남기며 적절한 때에 삭제하지 않으면 과부하가 걸려 일상에 큰 지장을 받게 된다. 이처럼 마음이 깨끗한 상태라야 인생의 소박한 아름다움을 느낄 수 있고 갖가지 시련에도 침착하게 대처할 수 있다.

한 젊은이가 사람들이 떠들어대는 갖은 악담에 시달리며 괴로워하다가 절을 찾아가 스님에게 말했다.

"스님, 저는 혼자 조용히 책 읽는 것을 좋아하고 시끄러운 일을 벌이는 건 좋아하지 않습니다. 그런데 왜 사람들은 끊임없이 저를 비방하고 헐뜯는 걸까요? 이제 정말 못 견디겠어요. 차라리 출가해서 이런 고통에서 벗어나고 싶어요. 스님, 제발 저를 제자로 받아주십시오."

스님은 싱긋 웃으며 말했다.

"뭐가 그리 급하오? 이 늙은이와 함께 정원으로 나갑시다. 거기서 당신의 앞날이 어떻게 될지 보여주리다."

스님은 젊은이를 시냇가로 데려갔다. 그곳에 있던 나무에서 이파리 하나를 떼어내고는 동자승을 불러 양동이와 바가지를 가져오게 했다. 그리고 젊은이에게 나뭇잎을 들어 보이며 말했다.

"당신이 이 나뭇잎이라고 해봅시다. 시끄러운 것을 싫어하고 조용히 살고 싶다고 했죠?"

스님은 나뭇잎을 양동이 안에 넣었다.

"그런데 당신의 인생은 사람들의 비난과 질책 때문에 이 나뭇잎처럼 바닥까지 내려가 있어요."

젊은이가 고개를 끄덕였다.

"맞습니다. 바로 저 나뭇잎 같은 상황이에요."

스님은 시냇물을 한 바가지 뜨며 말했다.

"이 시냇물은 당신을 침몰시키려고 사람들이 던지는 악담과 비방이라고 합시다."

그리고는 시냇물을 양동이 안에 부었다. 나뭇잎은 물살에 잠시 요동치더니 이내 수면 위로 떠올랐다. 스님은 이어서 물 한 바가지를 더 부으며 말했다.

"이 물 역시 당신에게 던지는 악담과 비방입니다. 그들은 여전히 당신을 바닥으로 끌어내리고 싶어하죠. 하지만 나뭇잎이 어떻게 되는

지 볼까요?"

젊은이는 고개를 숙이고 양동이 안에 든 나뭇잎을 보았다. 나뭇잎은 이번에도 잠시 요동칠 뿐 이내 수면 위로 떠올랐다. 스님은 그 이후로 몇 번이나 더 물을 들이부었지만, 나뭇잎은 시냇물의 공격에도 끄떡없이 수면 위로 올라왔다. 그제야 젊은이는 무언가 깨달은 듯 보였다. 이윽고 스님이 말했다.

"아무리 많은 시냇물을 들이부어도 나뭇잎은 가라앉지 않았어요. 오히려 시냇물 덕분에 점점 떠올라 바닥으로부터 멀어졌지요. 그렇다면 이 나뭇잎은 앞으로 어떻게 될까요?"

스님은 양동이에 또 한 번 물을 부었다. 양동이에 물이 가득 차 흘러넘치자 나뭇잎은 시냇물로 떨어져 유유히 떠내려갔다.

"나뭇잎은 이제 강을 따라 바다로 흘러갈 겁니다. 더 넓은 세계를 보게 되는 거죠."

젊은이는 큰 깨달음을 얻고 기쁨에 찬 목소리로 말했다.

"스님, 이제 알았습니다. 나뭇잎이 절대로 물속에 가라앉지 않는 것처럼 그 어떤 악담과 비방이 있더라도 깨끗한 마음이 있다면 나 자신을 지킬 수 있단 걸 말이에요."

스님이 미소를 지었다.

마음속 먼지를
쓸어내는 연습

사람들은 출가하여 스님이 되면 저절로 마음이 편하고 차분해지는 줄로 안다. 하지만 그건 오해이다. 스님이라고 해서 손이 하나 더 있다거나 심장이 두 개 있는 것은 아니다. 그저 우리와 똑같은 인간일 뿐. 그럼에도 스님들이 근심과 걱정을 멀리할 수 있는 이유는 번뇌의 끈을 잘라버려서가 아니라 수시로 자기반성을 함으로써 영혼의 먼지를 털어내고 깨끗한 마음을 유지하기 때문이다. 머리를 깎고 절에 들어가는 것은 일종의 표면적인 행위일 뿐이다. 부처의 경지에 오르는 것은 결국 마음을 단련하고 가꾸는 일에 달렸다.

마음속에 세상의 먼지가 쌓이면 그만큼 즐거움이 자리 잡을 공간이 줄어든다. 그렇다면 근심, 걱정, 괴로움 같은 마음의 먼지는 어디에서부터 오는 것이며 어디로 쓸어 보내야 하는 걸까?

옛날 한 부자가 쉰 살에 겨우 아들 하나를 얻었다. 온 가족이 크게 기뻐하며 아이를 보물처럼 여겼고, 아이는 가족들의 사랑을 받으며 무럭무럭 자랐다. 그런데 어느 날 부자는 아이가 웃을 줄만 알고 울 줄은 모른다는 사실을 발견했다. 이를 이상하게 여긴 부자가 온갖 방법을 동원해 아이를 울려보았지만 아이는 천진난만하게 웃을 뿐이었다. 장난감을 뺏거나 혼을 내봐도 아이는 도통 울 생각을 안 했다.

그러던 어느 날, 마침 스님들이 집에 탁발(托鉢)[8]을 왔다. 그때 부자는 스님에게 아이 이야기를 하고 조언을 구하고자 했다. 스님이 오자 부자는 하인에게 아이를 데려나오게 한 다음 아이의 엉덩이를 세게 한 대 때렸다. 하지만 아이는 살짝 미간을 찌푸릴 뿐 이내 아무렇지 않아 했다.

"스님, 혹시 아이의 지능에 문제가 있는 건 아닐까요?"

부자가 물었다. 그러자 스님은 아무 말도 하지 않고 과일 쟁반에서 바나나와 포도를 집어 아이 얼굴 앞에서 흔들어 보였다. 아이는 잠시 고민하더니 손을 뻗어 포도를 잡고 미소를 지었다.

"우리 아이는 어렸을 때부터 바나나를 좋아하지 않았어요."

부자가 말했다.

"좋고 싫음을 구분할 줄 아니 지능에는 문제가 없는 것 같군요."

스님이 고개를 끄덕이며 말했다.

부자는 아이의 손에서 포도를 빼앗아 쟁반에 다시 올려놓았다. 아이

---

8   도를 닦는 승려가 불경을 외면서 집집마다 다니며 동냥하는 일.

는 잠깐 멈칫했지만 울지는 않았다.
"이것 보세요. 좋아하는 것을 빼앗아 갔는데도 울지 않아요. 혹시 아이가 전생에 승려였을까요? 제가 물려줄 재산이 많아서 출가시키고 싶지는 않은데요. 스님께서 좀 도와주십시오."
스님은 골똘히 생각하더니 과일이 든 쟁반을 들고 말했다.
"저를 따라오시지요."
그들은 대문 밖으로 나갔다. 집 앞에는 아이들 세 명이 놀고 있었다. 스님은 아이들을 불러 쟁반 위에 있는 바나나를 하나씩 나눠주었다. 아이들은 기뻐하며 바나나를 까서 먹기 시작했다. 그때 부자의 아들이 손을 뻗어 바나나를 가리키며 소리를 지르기 시작했다. 이에 부자는 포도를 쥐여 주며 아이를 달랬다.
"저건 네가 싫어하는 바나나잖니. 여기 네가 좋아하는 포도가 있단다."
하지만 아이는 아빠에게 건네받은 포도를 땅에 던져버리고는 여전히 바나나를 달라고 떼를 썼다. 그 사이 동네 아이들은 바나나를 모두 먹어치우고 껍질을 들어 보이며 웃었다.
"으앙!"
그러자 부자의 아들이 갑자기 큰 소리로 울기 시작했다. 부자와 하인은 모두 깜짝 놀랐다. 아이가 드디어 울음을 터트린 것이다. 부자는 기쁘면서도 한편으로는 의아해하며 스님에게 물었다.
"바나나를 그렇게 싫어하던 아이가 어째서 바나나를 주지 않는다고 우는 거죠?"

스님이 웃으며 말했다.

"세상 사람들은 대부분 자신이 잃은 것 때문이 아니라 남이 가진 것 때문에 괴로워한답니다."

부자의 아들은 바나나를 좋아하지 않기 때문에 빼앗긴들 슬퍼할 일도 없었다. 하지만 '남이 가져서는 안 된다.'는 쓸데없는 욕심이 아이를 괴롭게 했다. 우리가 속상하고 괴로워했던 일들을 돌이켜보자. 정말로 그럴 만한 가치가 있었을까? 혹시 마음에 쌓인 먼지가 지혜로운 두 눈을 가리고 사리분별을 못하게 만든 건 아닐까?

사람은 많은 꿈과 욕망을 품고 산다. 그렇게 소망하고 원하는 대상 중에는 정말로 필요한 것도 있지만, 심리적 허영을 만족시키는 것 외에 아무 쓸모도 없는 것들도 있다. 그러므로 언제나 마음을 깨끗한 상태로 유지해 세상의 먼지가 우리를 괴롭히지 않도록 해야 하며 또 즐거움이 온갖 근심과 번뇌를 밀어내도록 해야 한다.

사람은 누구나 인생이라는 토지에 아름다운 정원을 꾸미고 싶어하지 황량한 사막 같은 마음으로 사는 것은 원치 않는다. 하지만 정원에는 언제든 잡초가 자랄 수 있고 한 번 뽑았다고 해서 영원히 없어지는 것도 아니다. 잡초는 이듬해 봄바람이 불 때면 다시금 고개를 들고 나타날 것이다. 그것을 미리 방지하고 싶다면 아래 철학자의 방법을 참고해보면 좋을 것이다.

어느 날 한 철학자가 세 명의 제자를 데리고 들판으로 갔다. 그는 제자들에게 이렇게 말했다.

"너희에게 가르쳐 줄 것은 모두 가르쳤다. 이제 마지막으로 문제 하나를 내겠다. 이 들판에는 잡초들이 무성하다. 잡초를 없앨 수 있는 가장 좋은 방법은 무엇이겠느냐?"

제자들은 서로의 얼굴만 처다볼 뿐 아무도 대답하지 못했다. 스승이 낸 문제이니 간단한 것 같아도 분명 심오한 철학이 담겨 있으리라 생각했기 때문이다. 얼마 후 한 제자가 먼저 나서서 대답했다.

"손으로 뽑으면 되겠죠."

또 다른 제자가 대답했다.

"호미를 사용하면 더 쉽게 뽑을 수 있을 것 같은데요."

마지막 제자가 더욱 간단한 방법을 제시했다.

"모두 불태워 버리면 됩니다."

철학자는 제자들의 대답을 모두 듣더니 조용히 말했다.

"알았다. 그럼 모두 자신이 말한 방법대로 잡초를 없애보거라. 그리고 내년에 다시 이곳에 와보도록 하자."

일 년 후, 제자들은 다시 들판에 모였다. 들판에는 작년에 그랬던 것처럼 잡초가 무성했다. 철학자는 그 자리에 나오지 않았고, 대신 그가 평생 연구한 내용을 기록한 노트와 쪽지 하나가 그들이 만나기로 한 장소에 남아 있었다. 쪽지에는 이렇게 쓰여 있었다.

'들판의 잡초를 모두 없애는 방법은 단 하나이니라. 바로 농작물을 심는 것이다.'

사람의 마음은 경작해야 하는 땅에 비유할 수 있다. 농작물을 심지 않는 땅은 잡초가 무성히 자란다. 여기서 잡초는 바로 마음에 생기는 잡념이다. 이러한 마음속 잡념을 뽑아버리고 깨끗한 토지에 건강한 씨앗을 심어야만 아름다운 인생을 수확할 수 있다.

그러므로 살면서 수시로 마음을 재충전할 필요가 있다. 새로운 지혜로 오래된 관념을 바꾸고 공허함과 침울함을 멀리해야 한다. 건강하고 유익한 인생의 농작물로 잡초를 대체할 수 있다면 더욱 충만하고 즐거운 인생을 살 수 있을 것이다.

선종의 제육조인 혜능대사(慧能大師)[9]는 앞서 언급했던 신수대사의 말에 이렇게 화답했다. "깨달음은 본래 나무가 아니고, 밝은 거울에는 대가 없으니. 본래 어떤 물건도 없거늘 어디에서 티끌이 일어나리(菩提本無樹, 明鏡亦非臺. 本來無一物, 何處惹塵埃)."[10]

그렇다. 우리 마음은 본래 순수하고 깨끗하며 먼지와 잡초는 나중에 생겨난 것이다. 그러므로 늘 건전한 마음가짐을 유지하고 모든 번뇌를 구름처럼 흔적을 남기지 않고 떠나보낼 수 있다면 지금 이 유혹을 뿌리쳐야 하는지, 딴생각을 억제해야 하는지 등의 쓸데없는 고민을 할 필요가 없다. 마음이 호수처럼 평온할 때는 아무리 큰 유혹과 소란에도 차분하고 고요한 상태를 유지할 수 있다. 그러면 양동이 속 나뭇잎처럼 큰 시련이 닥쳐도 결국은 역경에서 빠져나와 더 큰 세상을 향해 나아갈 수 있을 것이다.

---

9   신수대사와 더불어 중국 선종 제오조 홍인(弘忍) 문하의 이대 선사(禪師)로 이후 신수의 계통을 북종선(北宗禪), 혜능의 계통을 남종선(南宗禪)이라고 했다.

10 혜능대사의 『육조단경(六祖壇經)』에 실린 게송(偈頌).

바보에겐
바보의 복이 있다

인생을 살다 보면 애써 어수룩하게 보여야 할 때가 있다. 이때의 '어수룩함'이란 정말로 바보스럽다거나 멍청한 것이 아니다. 오히려 인생을 깊이 이해하고서야 보여줄 수 있는 담담함과 낙관적인 태도이다.

모든 일에 두 눈을 크게 뜨고 경계 태세를 취하는 사람들은 몸과 마음이 쉬이 지치고 주변 사람들까지 피곤하게 만든다. 이들은 자신이 매우 똑똑하다고 생각하지만, 사실은 가장 바보 같다. 남에게 미움이나 원한을 사고도 자각하지 못하고 최고인 듯 잘난 척하지만, 결국은 얻는 것보다 잃는 것이 많다.

반면 적당히 어수룩해 보일 줄 아는 사람은 어떤 문제에 대해 꼬치꼬치 캐묻거나 누군가를 몰아세우지 않으며, 다른 사람에게 뿐만 아니라 자신에게도 너그럽다. 스스로 영리하다고 자부하는 사람은 이들을 보고 바보 같다고 비웃을지도 모른다. 하지만 그들은 번잡한 것을 단순화시킬 줄 알고 선량한 마음으로 일과 사람을 대하며, 조금 손해를 볼지언정 목숨 걸고 이득을 따지려 들지 않는다.

살면서 모든 일을 분명하게 따지려 하고 이해득실을 계산하려고 하면 인생에 번거로움만 더할 뿐이다. 반대로 조금은 바보 같아 보이더라도 너그러워질 수 있다면 인생의 즐거움은 더욱 커질 것이다. 아래 맥주에 관한 이야기는 '쓸데없는 총명함'이 즐거운 시간을 어떻게 망쳐놓을 수 있는지 보여준다.

친구들 몇 명이 함께 바닷가로 휴가를 갔다. 그중 한 사람이 근처 가게에서 맥주 몇 병을 사왔고 같이 술을 마시며 시끌벅적 떠들었다. 그렇게 그들은 시원한 바닷바람을 맞으며 즐거운 시간을 보내고 있었다. 그런데 누군가 갑자기 이렇게 물었다.

"이 맥주는 한 병에 얼마야?"

맥주를 사온 사람이 대답했다.

"한 병에 십 위안(元)이었어."

그러자 맥주 가격을 물어본 사람이 깜짝 놀라며 소리쳤다.

"뭐? 이 맥주 한 병이 십 위안이라고? 바닷가만 아니면 삼 위안밖에 안 했을 텐데! 너무 비싸잖아!"

그러자 얘기를 듣고 있던 다른 사람들도 갑자기 큰 손해를 본 것 같은 생각이 들어서 즐거웠던 기분이 한순간에 달아나버렸다. 맥주를 마음껏 마시고 즐기자던 당초 계획은 온데간데없이 사라지고 가게 사장만 돈 벌게 해줬다는 불만이 여기저기서 쏟아져 나왔다. 그렇게 그들은 즐거운 휴가를 맥줏값으로 얼마나 손해 봤는지 계산하는 데 모두 허비했다.

위의 이야기와 비슷한 일은 우리 삶에 비일비재하다. 따져보지 않았을 때는 드넓고 광활한 은하수가 보이지만, 계산하고 따지기 시작하면 캄캄한 어둠만 보인다. 원칙과 관련된 일이 아니라면 굳이 따져 물을 필요가 있을까? 너무 분명하고 똑똑하게 구는 사람은 즐거움을 잘 느끼지 못한다. 늘 마음속으로 초조하게 이해득실을 따지고 있기 때문이다. 중요하지 않은 자질구레한 일들은 계산하려 들지 말고 조금은 바보 같아 보일지라도 웃으며 넘겨보자. 그러면 인생에 즐거움이 저절로 찾아올 것이다. 그러지 못하면 자신이 만든 근심과 걱정에 빠져 마음의 평온을 유지하기가 힘들어진다.

"바보에겐 바보의 복이 있다."라고 했다. 인생을 살다 보면 아는 것보다 모르는 것이 낫고, 똑똑한 것보다 바보 같은 것이 나을 때가 있다. 정성 들여 심은 꽃씨라고 해서 반드시 꽃을 피우는 건 아니며, 우연히 땅에 떨어진 버드나무 씨앗이 울창한 숲을 이루기도 하는 법이니 말이다.

옛날, 길을 가던 두 사람이 어쩌다 물에 빠지고 말았다. 한 사람은 시력이 굉장히 좋고 다른 한 사람은 근시가 심했다. 둘은 물속에서 허우적거리다가 멀지 않은 곳에 작은 배가 있는 것을 발견했다. 그들은 온 힘을 다해 배가 있는 곳으로 헤엄쳐갔다.

그런데 시력이 좋은 사람이 갑자기 헤엄을 멈추더니 절망하며 살기를 포기해버렸다. 그들이 발견한 것이 작은 배가 아니라 쓸모없는 나무판자라는 게 또렷이 보였기 때문이다. 하지만 근시 때문에 앞이 잘 보이지 않는 사람은 이 사실을 모른 채 계속 헤엄쳐갔다. 이윽고 나무판자를 똑똑히 볼 수 있을 만큼 헤엄쳐갔을 때, 그는 이미 육지에 거의 다다라 있었다.

시력이 좋은 사람은 또렷이 볼 수 있었던 탓에 너무 일찍 희망을 버렸고 목숨까지 잃고 말았다. 반면 근시로 앞이 잘 보이지 않았던 사람은 제대로 보지 못한 덕분에 목숨을 구할 수 있었다.

어째서 너무 똑똑하면 오히려 화를 입게 되는 것일까? 똑똑한 사람은 생각이 너무 많고 그만큼 걱정도 많기 때문이다. 너그러워진다고 반드시 손해를 입는 것은 아니다. 세상에 절대적인 일은 없으니 약간의 손해를 감수한 오늘의 선택이 먼 훗날 돌아보면 값진 자양분이었음을 알게 될 것이다. 미국에도 이와 관련한 일화가 있다.

로버트와 스티브는 규모가 비슷한 회사를 운영하고 있었다. 로버트는 매우 똑똑하고 계산이 빨랐으며 언제나 미래를 내다볼 줄 아는 사람이었다. 그는 2008년에 금융위기가 닥칠 것이라고 예측했는데, 그때가 되면 미국 내 삼십 퍼센트 이상의 회사가 문을 닫게 될 테니 자기네와 같은 작은 회사는 당연히 망할 것이라고 생각했다.

그래서 그는 더 큰 채무에 시달리기 전에 자신과 직원들을 위해 사업을 접었다.

스티브는 로버트와는 반대로 계산에 약했고 늘 어눌하고 바보 같은 이미지를 풍기는 사람이었다. 그는 로버트가 예측한 금융위기에 대해 듣고도 앞일은 알 수 없는 법이라며 실패를 피하기 위해 바닥부터 다시 시작하느니 어려움에 맞서보겠다고 결심했다. 회사가 하루라도 더 버틸 수 있도록 최선을 다해 지키겠노라고 말이다.

결국 계산이 빠르고 미래를 예측한 로버트는 회사를 잃었고, 이것저것 따지지 않고 자신의 길을 묵묵히 걸어갔던 스티브는 전 세계를 강타한 금융위기를 무사히 넘기고 이전보다 회사 규모를 더 크게 키울 수 있었다.

어리석음은 생존의 지혜이자 겸손하게 살아가는 방법이기도 하다. 옛말에도 "물이 너무 맑으면 고기가 없고, 남에게 너무 엄격하면 주변에 사람이 없다(水至淸則無魚, 人至察則無徒)."[11]고 했다. 즉 물이 너무 깨끗하면 영양분이 부족해 물고기가 살지 못하고 사람이 너무 까다롭고 똑똑하게 굴면 아무도 친구가 되려 하지 않는다는 뜻이다.

고전 『홍루몽(紅樓夢)』[12]에 나오는 인물 '왕희봉(王熙鳳)'은 '남에게 너무 엄격해 주변에 사람이 없는' 이의 전형이다. 그녀는 팔방미인에 매우 총명했으나, 강한 승부욕 때문에 어떤 일이든 이겨야 직성이 풀렸다.

---

11 『명심보감(明心寶鑑)』「성심편(省心篇) 하(下)」'가어운(家語云)'.

12 금릉[金陵, 지금의 남경(南京)]에 있는 가씨(賈氏)의 저택을 배경으로 남녀 간의 애정과 운명을 다룬 통속소설이다. 중국 장편소설의 최고 걸작으로 평가받는다.

잠시도 머리 굴리는 것을 멈추지 못했던 그녀는 나중에 결국 병에 걸리고 만다. 비록 자신에게 필요한 사람들을 모두 자기편으로 만드는 데 성공했지만 그녀를 진심으로 좋아한 사람은 없었다. 왕희봉은 계략을 써서 여주인공 '임대옥(林黛玉)'의 목숨을 위협하지만 결국 자신의 목숨도 잃고 만다. 만약 그녀가 정판교(鄭板橋)[13]가 말했듯 조금은 바보 같은 모습으로 살았다면 인생을 훨씬 편안하고 멋지게 살 수 있었을 것이다. 이와 관련해 서양에서도 전해져 내려오는 이야기가 있다.

전설에 따르면 사람은 태어날 때 천사로부터 두 가지 선물을 받는다고 한다. 하나는 '총명함'이고, 다른 하나는 '어리석음'이다. 이사벨이라는 소녀는 천사의 선물 중 어리석음을 제멋대로 버리려고 했다. 이를 알게 된 천사가 소녀에게 말했다.

"어리석음은 누구나 받아야 하는 선물이란다. 완벽한 사람에게도 이 어리석음이 반드시 필요하지. 총명함만으로는 그 어떤 성공도 거둘 수 없어."

하지만 이사벨은 여전히 고집을 부리며 어리석음을 쓰레기통에 버렸다.

성인이 된 이사벨은 똑똑하고 기억력이 좋았으며 무슨 일을 하든 우수한 성적을 거두었다. 그녀의 총명함을 따라올 자는 아무도 없었다. 하지만 그 때문에 아무도 그녀와 함께 일하려고 하지 않았

---

13 혼란한 세상에서 자신의 능력을 드러내 보이면 화를 당하기 쉬우므로 자신의 색깔을 감추고 그저 바보인 척 살아가라는 인생 철학을 펼친 청(淸) 나라 시대의 문인.

고 친구가 되는 것을 꺼렸다. 그녀 앞에서는 누구든 바보 같아 보였기 때문이다. 게다가 남자들도 너무 똑똑하고 능력 있는 이사벨과는 감히 결혼할 생각을 못했다. 이사벨은 그제야 후회를 하며 천사에게 어리석음을 다시 돌려달라고 부탁했다. 하지만 천사는 이렇게 말했다.

"이미 늦었단다. 네 머릿속에는 총명함이 가득 차 있어 어리석음이 들어갈 자리가 없구나."

사람들은 모두 이사벨처럼 총명함을 좋아하고 어리석음은 멀리하려고 한다. 하지만 어떤 일이든 시간이 지나면 다른 면이 보이는 것처럼 총명함이 고통을 안겨줄 수도 있고 어리석음이 행복을 가져다줄 수도 있다.

만약 당신이 누구와도 비교할 수 없는 엄청난 지혜가 있는데도 미궁에 빠진 것처럼 혼란스럽고, 나 홀로 고립된 것 같다면 자신의 내면에 가만히 물어보자. 천사가 준 어리석음이 아직 내 안에 존재하는지 말이다.

총명한 인생은 쉽게 피로해지지만, 바보 같고 어리석은 인생은 평온하다. 자신의 총명함을 감추고 애써 어수룩하게 행동하는 것은 똑똑해지는 것만큼이나 어려운 일이다. 총명함과 어리석음 사이에서 균형을 유지할 수 있다면 더욱 너그럽고 차분한 사람이 될 것이고, 인생 또한 조금 더 유연하고 자유롭게 살 수 있을 것이다.

완벽하지 않아서
좋은 것들

"더 좋은 것이 있을 뿐, 제일 좋은 것은 없다." 칭다오[青島]의 전자제품 기업 오크마(Aucma) 사의 광고 문구인 이 문장은 오늘날 여러 분야에서 슬로건으로 사용하거나 책의 제목 또는 사람들이 좌우명으로 삼을 만큼 널리 알려져 있다. 끊임없이 완벽함을 추구하라는 뜻으로 우리 마음속에 있는 목표를 향해 달리도록 응원하고 격려하는 명언이다.

사람은 누구나 완벽함을 부러워하고 동경하며 인생의 여러 부분에서 완벽을 추구하고자 한다. 이는 매우 긍정적인 태도로 공부나 일 그리고 인간관계에서 조금 더 나은 방향으로 우리를 이끌어주며 성공적이고 원만한 인생을 설계하는 데 도움을 준다.

하지만 인생이 정말로 완벽해야만 하는 걸까? 실제로는 열 가지

일 중에 내 마음대로 되는 건 고작 두세 개밖에 안 되는 게 인생이다. 모든 일이 내 뜻대로 원만하게 해결되길 바라는 건 희망사항일 뿐 실현되기 어렵다. 결국 완벽함은 추구하는 이상이자 우리 마음속 유토피아일 뿐이라는 말이다. 그래서 완벽을 추구할 수는 있어도 현실화하기란 매우 어렵다. 특히 지나치게 완벽을 추구할 경우, 실현하지 못할까 봐 초조해하다가 결국 무거운 짐이 되고 만다.

지나치게 완벽을 추구하는 사람은 쉽게 분노하고 우울해하며 일이 뜻대로 되지 않으면 자책하고 불안해한다. 다른 사람이 일을 그르쳤을 때도 불같이 화를 내기 일쑤이다. 이런 사람들은 대부분 인간관계가 좋지 못해 늘 고독하고 외롭다. 까다로운 성격 때문에 아무도 다가가려 하지 않기 때문이다. 완벽함을 추구하는 대가로 인생의 즐거움과 좋은 인연을 포기해야 한다면 이를 진정으로 완벽하다고 말할 수 있을까?

오히려 인생이 완벽하지 않을 때 좋은 점도 있다. 언젠가 완벽해질 수 있다는 희망의 여지가 있으며, 지금 가진 것에 감사하고 만족할 수 있다는 것이다. 달도 차면 기우는 것처럼 가장 완벽한 순간 뒤에는 내리막길만 있을 뿐이다. 일본 작가 오가쿠라 덴신[岡倉天心]의 저서 『차 이야기(茶の本)』에는 다음과 같은 일화가 실려 있다.

일본 다도의 대성자(大成者)라고 불리는 센 리큐[千利休]는 어느 날 아들을 불러 정원 청소를 시켰다. 청소를 마친 아들이 정원을 아버지에게 보여드리자 센 리큐는 마음에 들지 않다는 듯 청소를 다시

하라고 했다. 아들은 다시 한 시간 동안이나 정원을 깨끗하게 청소했다. 그리고 아버지를 불러 이렇게 말했다.

"아버님, 이제 더 이상 청소할 곳이 없습니다. 계단도 벌써 세 번이나 쓸고 닦았고 석등[14]도 여러 번 닦았습니다. 나무에 물도 주었고요, 이끼도 모두 푸른색을 띠고 있습니다. 바닥에 나뭇잎 하나 떨어져 있지 않은 것 보이시죠?"

아들은 이번에는 아버지가 만족할 거라고 자신했다. 그러나 센 리큐는 갑자기 화를 내며 말했다.

"어리석구나. 이건 정원을 청소한 것이 아니라 네 결벽증을 자랑한 게 아니냐."

그러고는 정원에 들어가 나무 앞에 서더니 있는 힘껏 흔들었다. 그러자 울긋불긋 예쁜 색깔의 나뭇잎들이 떨어졌다. 센 리큐가 말했다.

"정원 청소는 티끌 하나 없이 깨끗하게 하는 것이 아니다. 정원의 아름다움과 자연스러움을 살리는 것이 무엇보다 중요하단다."

센 리큐는 정원 청소를 통해 아들에게 완벽을 추구하는 태도가 오히려 본래의 자연스러움을 해칠 수 있다는 사실을 알려줬다. 살다 보면 센 리큐의 아들처럼 결벽이 심한 사람을 종종 만나게 된다. 그들은 특히 주변 환경을 정리·정돈하는 데 집착해서 아무리 시간이 오래 걸려도 먼지 한 톨 없이 청소해야 직성이 풀린다. 그들의 손을 거쳐 정리된 곳은 감탄이 절로 나올 만큼 깨끗하고 깔끔하다. 하지만 안타깝게

---

14 정원 등에 불을 밝히기 위해 세우는 석조물.

도 그들 눈에는 여전히 테이블 위에 떨어진 밥풀이나 바닥에 떨어진 머리카락 등이 보일 뿐이다. 그래서 이미 몸이 많이 지치고 힘들어도 다시 청소를 시작해서 마침내 자신이 만족할 만한 상태가 돼야 두 다리를 뻗고 눕는다.

게다가 그들은 주변 사람들이 자신의 '걸작'을 망치는 걸 용납하지 못한다. 가족이라고 해도 그의 요구를 만족시키지 못하면 거침없이 질책하고 비난해 결국 불화를 일으키기도 한다. 심리학자들은 이러한 결벽을 지나치게 완벽을 추구하려는 데서 생긴 일종의 강박증이라고 지적한다.

결함의 미학

사람들은 일반적으로 까다롭고 결벽증이 있는 사람과 어울리기를 좋아하지 않는다. 그렇게 보자면 지나치게 완벽한 인생을 추구하는 것 역시 일종의 결벽증이라고 할 수 있지 않을까? 물론 최선을 다해 열심히 사는 건 좋은 일이다. 하지만 작은 결함도 용납할 수 없을 정도로 완벽에 지나친 집착을 보인다면 다른 사람에게 피해를 줄 뿐만 아니라 자신의 몸과 마음까지 지친다. 생각해보라. 완벽을 추구하는 이유가 더 행복한 인생을 살기 위해서인데 그 과정에서 몸과 마음이 힘들고 생활의 평온마저 깨져버린다면 얻는 것보다 잃는 것이 더 많은 셈이다.

송나라의 문인 소동파(蘇東坡)의 시 '수조가두(水調歌頭)'에 이런 구절이 있다.

"사람에게는 슬픔과 기쁨, 이별과 만남이 있고, 달에게는 어둠과 밝음, 둥그러짐과 이지러짐이 있으니 이런 일은 예로부터 완전하기 어렵다(人有悲歡離合, 月有陰晴圓缺, 此事古難全)."
_{인유비환리합 월유음청원결 차사고난전}

하지만 달이 차지 않아야 보름달일 때의 아름다움이 더욱 부각되고, 헤어져 있어야 만남의 기쁨이 배가 된다. 예술에서도 '결함의 미학'이라는 말이 있지 않은가. 이는 작품 전체의 아름다움을 해치지 않을 뿐더러 오히려 더 자연스럽고 진실하게 만들어준다. 밀로의 비너스 상(像)이 더욱 유명해진 이유는 두 팔이 없기 때문 아닐까? 누구의 인생이든 완벽할 수는 없으며 하나씩은 크고 작은 결함이 있기 마련이다. 하지만 이러한 결함이 존재하기 때문에 완벽해지기 위해 더 많이 노력해야 할 동기가 생기는 것이고 일상이 즐겁고 활기가 생긴다.

한 미혼 남성이 결혼정보회사를 찾아갔다. 입구에서 문을 열자 다시 두 개의 문이 나왔다. 한쪽에는 '미인', 다른 한쪽에는 '그다지 미인이 아님'이라고 쓰여 있었다. 남자는 한 치의 고민도 없이 미인이라고 적힌 문을 열고 들어갔다. 하지만 이번에도 다시 두 개의 문이 나왔다. 한쪽에는 '젊음', 다른 한쪽에는 '그다지 젊지 않음'이라고 쓰여 있었고 남자는 '젊음'이 적힌 문을 열고 들어갔다. 그러나 아직 끝난 것이 아니었다. 착하고 상냥함, 그다지 착하고 상냥하지 않음, 돈이 많음, 그다지 돈이 많지 않음, 부지런함, 부지런하지 않음……

이렇게 선택은 계속되었고 남자는 항상 좋은 쪽을 선택했다. 그는 완벽한 여자를 만나서 평생 행복하게 잘 살 수 있을 거라는 생각에 조금 모자란 쪽의 문은 과감히 포기하고 더 좋은 말이 쓰여진 문을 계속 열고 나갔다. 그렇게 아홉 번째 문에 도착했을 때 남자는 이렇게 쓰여 있는 것을 발견한다.

'당신이 찾는 완벽한 여자는 이곳에 없으니 거리로 나가 찾아보시기 바랍니다.'

아홉 번째 문은 바로 결혼정보회사의 출구였던 것이다.

사람들은 이 이야기에 등장하는 남자를 보고 '그렇게 허황된 꿈을 꾸고 있으니 아직까지 결혼을 못했지.'라며 비웃을지도 모른다. 하지만 나 자신을 돌아보자. 혹시 우리도 이 남자처럼 허황된 꿈을 꾸고 있는 건 아닌지 말이다.

어떤 이들은 일생 동안 온 힘을 다해 완벽함을 쫓는다. 연애를 할 때도 이야기 속 남자처럼 가장 완벽한 상대를 만나겠다며 이것저것 따지고 까다롭게 굴지만 그러다가 정작 좋은 인연을 몰라보고 놓쳐버린다. 어찌어찌해서 마음에 드는 상대를 만났다고 치자. 결혼 후에는 어떤가? 자신이 세운 완벽에 가까운 요구사항들을 배우자나 가족들에게 강요해 스트레스를 주다가 결국 갈등과 마찰을 일으킨다. 그들은 상황이 바뀔 때마다 새로운 완벽의 경지를 추구하지만, 결국 완벽의 함정에 빠져 완벽하지도 행복하지도 않은 상태로 일생을 보낸다.

사실 '완벽함'이란 주관적인 생각이다. 절대적인 기준도 없고 측정할 수도 없다. 그러므로 누군가 혹은 어떤 일이 완벽하다 아니다 하는 판단은 전적으로 개인에게 달렸다. 우리가 각자의 일상에서 아름다움을 발견하고 즐길 때, 바로 그때가 인생에서 가장 완벽한 순간이다. 이것을 깨닫지 못한다면 제아무리 완벽한 인생이라고 큰소리쳐도 불완전할 수밖에 없다.

완벽함은 독을 품은 꽃처럼 겉으로는 아름다워 보이지만 너무 가까이할 경우 많은 부작용을 불러온다. 다음의 일화를 살펴보자.

한 삼십 대 여성이 텔레비전에서 하는 맞선 프로그램에 참가했다. 그녀는 그 프로그램을 통해 줄곧 갈망해온 사랑을 찾고 평생을 함께할 배우자를 만나길 원했다. 사회자가 남자 참가자들과 방청객에게 소개하자, 모두 그녀의 완벽함에 입을 다물지 못했다. 그녀는 외모가 뛰어날 뿐만 아니라 대학 강사로 일하고 있었고 수입도 꽤 많았다. 성격은 쾌활하고 털털했으며 가정환경도 빠지는 것이 없었다. 맞선 자리에 있던 사람들 모두 이렇게 완벽한 조건을 갖춘 여자가 아직도 혼자라는 것에 의아해했다. 그러자 여자는 웃으며 사람들에게 자신의 이야기를 털어놓았다.

그녀는 어렸을 때부터 순조롭기만 한 인생을 살았다. 학교 다닐 때는 늘 우수한 성적을 거두었고, 석사와 박사 학위도 큰 무리 없이 따냈다. 강사로 일하기 시작하면서 주변 사람들과도 원만하게 잘 지냈고 매일 즐겁고 행복하게 보냈다. 그런데 그러다 보니 어느새 자신이 노처녀가 되어 있었다는 것이다. 사회자가 고개를 끄덕이며 말했다.

"그러니까 공부와 일이 바쁘기도 했지만 인생이 너무 즐겁고 친구들, 가족들과 보내는 시간이 행복해 연애할 필요를 못 느꼈다는 말이죠?"
여자는 말없이 고개를 끄덕였다.

일화 속 여자의 경험처럼 너무 완벽한 인생은 다른 어딘가에 나쁜 결과를 초래한다. 예를 들어 다른 행복을 맛보고 싶은 배고픔이 사라져버리는 것이다. 여자에게 부족했던 것은 바로 이 배고픔이다. 그래서 자신의 나이도 잊고 사랑에 빠질 기회들을 놓쳐버린 것이다.
 가장 맛있는 음식은 매끼 한 상 가득 차려진 산해진미가 아니라, 배고플 때 먹는 라면 한 그릇이다. 모두 경험해봐서 알 것이다. 배고픔은 미각을 예민하게 만들고 온몸으로 음식의 맛을 느끼게 한다. 마찬가지로 너무 완벽한 인생은 사람을 나태하게 만들어 더 이상 동기부여를 하지 못한다. 반면 완벽하지 않다는 배고픔은 현재 내가 가진 것을 더욱 소중하게 느끼게 해준다. 어떻게 해야 완벽한 인생이 될 수 있느냐 하는 것은 영원히 정답이 없는 문제이다. 그저 모든 것은 사람의 마음가짐에 달렸다고 말할 수 있을 뿐이다.

옛날에, 아름다운 다섯 명의 딸을 가진 왕이 있었다. 어느 날 왕은 공주들 모두에게 다이아몬드가 박힌 아름다운 머리핀을 선물했다. 공주들은 머리핀을 꽂으니 더욱 아름다워 보였다. 그날 이후 공주들은 매일 머리 모양을 바꿔가며 핀을 꽂았다.

그런데 어느 날 첫째 공주가 머리핀을 잃어버렸다. 그녀는 상심하며 온종일 우울해했다. 결국 공주는 둘째 공주의 머리핀을 가로채기로 한다. 그런데 첫째 공주가 둘째 공주의 머리핀을 가져가자 둘째 공주는 셋째 공주의 머리핀을 가져왔고, 그렇게 해서 결국 막내 공주만 머리핀을 갖지 못하게 되었다. 그녀는 안타까움에 발만 동동 굴렀다.

한편 다섯 공주들은 모두 한 남자를 좋아했는데, 이웃 나라에 사는 잘생기고 지혜로운 왕자님이었다. 공주들은 언젠가 왕자와 결혼할 날을 꿈꿨다. 어느 날 왕자가 사냥을 하다가 공주들이 사는 나라에 오게 되었다. 그는 말을 타고 멋지게 공주들 앞에 나타났고 그 모습에 반한 공주들은 입을 다물지 못했다. 그런데 그때 머리핀을 꽂지 못한 막내 공주의 머리카락이 흘러내렸다. 공주는 창피해서 얼굴이 빨개지며 고개를 푹 숙였다. 하지만 왕자는 그 덕분에 막내 공주의 모습에 주목했고 부끄러워 얼굴이 빨개진 모습에 반해버렸다. 그는 그녀의 손을 잡고 왕을 찾아가 결혼 승낙을 받았다. 마침내 막내 공주가 왕자와 함께 말을 타고 언니들 앞을 지나갈 때, 바람에 휘날리는 그녀의 검고 건강한 머리칼과 얼굴에 드리운 행복한 미소는 세상 그 무엇보다 아름답게 빛났다.

행복은 다이아몬드 핀으로 완벽을 추구했던 언니들 곁을 떠나 핀을 갖지 못한 막내 공주에게로 갔다. 이렇듯 알 수 없는 것이 인생이다. 한 끝 차이로 세상을 얻거나 가진 것을 모두 잃기도 하고 완벽해

보이던 인생이 한순간에 무너지거나 조금 부족하고 모자란 것처럼 보이는 삶이 한순간에 가장 행복하고 완벽해질 수 있다.

완벽함과 모자람, 행복과 고통은 신이 우리에게 내려준 선물이다. 그러므로 지나친 이상주의와 완벽주의에 대한 어리석은 집착을 버리는 것이 현명하게 사는 방법이다. 매순간의 충만함을 즐기고 완벽해지도록 노력은 하지만 집착하지는 말아야 한다. 항저우 최대의 사찰인 영은사(靈隱寺)에는 이런 글귀가 있다. "인생은 뜻대로 되지 않는다. 그러니 모든 일이 절반만 완벽하기를 바라자."

내가 처한 현실이 완벽하지 않다고 생각될 때일수록 자신에게 완벽해질 것을 강요하지 말고 초월하는 법을 배워야 한다. 완벽하지 않은 모습도 기꺼이 받아들이고 적당히 그칠 때를 아는 것 또한 지혜이다. 조금 더 넓은 마음으로 인생의 부족한 부분을 받아들이고 그 과정을 즐긴다면 지금 누리고 있는 것들의 소중함도 깨닫게 될 것이다.

살다 보면 행복의 비결은 소유하는 것이 아니라

내려놓음에 있다는 것을 깨닫는 날이 올 것이다.

씨앗을 땅에 심으면 자라서 나무가 되듯이

집착을 내려놓으면 자유로움이 자라나고,

안 좋은 습관을 내려놓으면 건강이 자라나며,

고민을 내려놓으면 즐거움이 자라날 것이다.

눈에 보이는 것을 내려놓는 것도 중요하지만

보이지 않는 마음속의 잡념들을 내려놓는 것이 더욱 중요하다.

2장

내려놓으면 자유롭다

사 소 한 　 것 들 로 부 터 의 　 위 로

내려놓으면 홀가분하다

젊을 때는 사는 게 즐거웠는데 나이가 들수록 점점 우울해진다는 사람들이 있다. 전보다 알게 된 것도, 가지게 된 것도, 경험한 것도 많지만 그만큼 고민도 많아지고 옛 시절의 순수했던 마음을 되찾기가 어렵기 때문이다. 그렇게 보면 많아진다는 게 꼭 좋은 것만은 아니다. 인생을 조금 더 가벼운 마음으로 자유롭게 살고 싶다면 불필요한 것들을 내려놓는 법부터 배워야 한다.

내려놓는다는 것은 일종의 해방이며 마음가짐이다. 몸이 가벼운 새가 더 높이 날듯이 마음속에 쌓인 잡념들을 깨끗이 털어버려야 진정으로 자유로워질 수 있다. 우리 마음의 저장 공간은 제한되어 있기 때문에 새로운 무언가를 집어넣기 위해서는 필요 없는 것들을 계속 비워가며 자리를 마련해줘야 한다. 그렇지 않으면 마음은 계속 무거워져서 나중에는 머리 위에 하늘조차 무겁다고 느껴질 것이다. 생각을 조금만 덜어내도 만사가 편안하다. 또한 내려놓을 줄 아는 사람은 고민이나 스트레스가 적고 주위에 적이 별로 없다.

한 꼬마가 화병에 끼인 손을 빼지 못해 울고 있었다. 어떻게 해도 빠지지 않자 아이 엄마는 할 수 없이 조심스럽게 화병을 깨트려 손을 빼냈다. 아이의 손목은 이미 빨갛게 부어 있었다. 그런데 어쩐 일인지 아이는 주먹을 꽉 쥐고 있는 것이었다. 엄마가 손을 펴보라고 하자 아이는 머뭇거리다가 주먹을 폈다. 손바닥에는 오 쟈오(角)[1] 짜리 동전 하나가 있었다. 엄마는 화를 내며 아이에게 물었다.
"주먹을 쥐고 있지 않았으면 화병에서 손을 뺄 수도 있었잖아. 왜 손을 펴지 않았던 거니?"
아이가 천진난만하게 대답했다.
"하지만 엄마, 손을 펴면 동전이 도망가 버리잖아요."
엄마는 아이의 대답을 듣고 허탈해하며 웃었다. 오 쟈오짜리 동전 하나 때문에 삼십만 위안짜리 화병을 깨트렸으니 말이다.

어쩌면 많은 사람들이 아이의 행동이 유치하다고 비웃을지도 모른다. 하지만 가만히 생각해보면 동전이 아닐 뿐이지 어른인 우리도 놓으면 달아날까 걱정되어 꼭 붙들고 있는 것이 얼마나 많은가?
아이에게는 오 쟈오짜리 동전이 삼십만 위안짜리 화병보다 중요했다.

---

1 일 위안=십 쟈오. 오 쟈오는 우리 돈으로 약 구십 원에 해당한다.

그것은 자신이 가진 보물이기 때문이다. 어린아이가 동전을 지키겠다고 고집스럽게 주먹을 쥐고 있던 것은 웃고 넘어갈 만한 일이지만, 만약 화병이 유리가 아니라 동이나 철로 만들어진 것이었다면 어떻게 됐을까? 아이는 어쩔 수 없이 언젠가는 손을 펴야 했을 것이다.

화병에서 손을 빼는 것이 우선이니 동전을 포기해야 한다는 사실을 어른들은 너무나 잘 알고 있다. 하지만 어른들도 절대 포기할 수 없는 '나만의 동전'을 가졌을 때는 이야기 속 아이와 똑같은 실수를 저지른다. 어른들에게 있어 그것은 돈, 명예, 성공, 체면 등 여러 가지가 될 수 있다.

많은 사람들이 일단 그 '동전'을 손에 넣으면 놓아야 할 때가 와도 꼭 움켜쥔 채 손을 펴려고 하지 않는다. 언젠가 무거운 짐이 되어 앞길을 가로막게 될지도 모르는데 말이다. 움켜쥔 것을 제때 놓아버리고 어깨에 진 짐을 덜어낼 수 있다면 다음 이야기에 나오는 부자 노인처럼 인생이 즐거워질 것이다.

옛날에 한 부자 노인이 있었다. 그는 돈이 아주 많았지만 사는 게 즐겁지는 않았다. 그래서 많은 돈을 짊어지고 여기저기 즐거움을 찾으러 다녔다. 하지만 아무리 다녀도 즐길거리를 찾을 수가 없었고 실망한 노인은 산길에 주저앉아 큰 한숨을 쉬었다.

그때 한 농부가 땔감을 한가득 지고 산길을 걸어 내려오고 있었다. 그는 휘파람을 불면서 걸어갔는데 그 모습이 아주 즐거워 보였다. 노인이 농부를 붙잡아 세우고 물었다.

"나는 가진 것이 아주 많은 사람이라 먹고사는 건 걱정이 없어. 그런데 사는 게 즐겁지가 않다네. 자네 생각엔 그 이유가 무엇인 것 같나?"

농부는 노인의 말을 듣더니 무거운 땔감이 실린 지게를 내려놓았다. 그리고 노인이 짊어진 돈 꾸러미를 가리키며 말했다.

"즐겁게 살고 싶다면 우선 그것부터 내려놓으세요."

노인은 하루 종일 돈 꾸러미를 짊어지고 다니면서 혹여 없어질까 걱정이 되어 한시도 눈을 뗄 수가 없었다. 그러니 어떻게 즐거울 수 있었겠는가? 농부의 조언을 들은 노인은 자신의 돈을 어려운 이웃에게 모두 나눠줬고 도움을 받은 사람들이 기뻐하는 모습을 보며 세상살이의 즐거움을 느끼게 됐다고 한다.

살아가다 보면 자기도 모르게 이런저런 짐을 어깨에 짊어지게 된다. 누군가는 무거운 짐을 모두 내려놓고 싶지만 어떻게 해야 할지 방법을 몰라 방황하고, 또 누군가는 그것이 인생의 금은보화라도 되는 양 꼭 붙잡고 있다. 하지만 '내려놓지 못함'은 모든 괴로움의 근원이자 세상을 혼란스럽게 하는 원흉이다. 강도, 횡령, 뇌물수수 등의 범죄를 저지른 사람은 금전에 대한 욕망을 내려놓지 못했기 때문이며, 돈으로 관직을 사고파는 사람은 지나치게 명예에 집착했기 때문이다. 사랑도 마찬가지이다. 상대방에게 지나치게 목을 매면 치정으로 인한 문제가 생기고, 동반자살 등 돌이킬 수 없는 선택을 하기도 한다.

사람들은 즐거움을 얻기 위해 많은 애를 쓴다. 마치 즐거움이 손에 닿을 수 없을 만큼 먼 곳에 있거나 힘을 들이지 않으면 얻지 못하는 대상인 것처럼 말이다. 하지만 즐거움은 언제나 우리 주변에 있다. 이야기 속 부자 노인처럼 자신을 속박하고 있는 무거운 짐을 내려놓으면 미처 보지 못했던 '즐거움의 그림자'를 발견할 수 있다. 삶의 무게에 버거워질 때면 짊어진 것을 내려놓는 지혜를 발휘해야 한다. 온갖 명예와 부에 대한 욕망과 집착을 내려놓고 나면 행복이 멀지 않은 곳에 있다는 사실을 깨닫게 될 것이다. 행복은 늘 우리 마음속에 있다. 그러니 행복을 얻을 수 있는 유일한 방법은 마음의 족쇄를 풀어주는 것이다.

내려놓음의 철학

내려놓음은 지혜이자 마음가짐이다. 옛날 허유(許由)[2]가 왕의 자리를 거절하고 시냇물에 귀를 씻은 것도 내려놓음이요, 범려(范蠡)[3]가 모든 관직에서 물러나 서시(西施)[4]와 함께 여생을 보낸 것도 내려놓음이며, 도연명이 부와 명예를 거절하고 전원으로 돌아가 "동쪽 울 밑에서 국화꽃을 꺾어 들고, 멀리 남산을 바라보는(採菊東籬下, 悠然見南山)"[5] 유유자적한 생활을 한 것도 내려놓음이다.

---

2 고대 중국 요(堯)임금 때 사람으로, 그에게 왕위를 물려주겠다고 하자 더러운 소리를 들었다며 시냇물에 귀를 씻었다는 '허유세이(許由洗耳)'의 고사로 유명하다.

3 중국 춘추 시대 말기의 정치가로 월(越)나라 왕 구천(句踐)을 섬겼으며 오(吳)나라를 멸망시킨 공신이다. 이후 절세미녀 서시와 함께 도망쳤다는 이야기가 있다.

4 범려는 미인계를 쓰기 위해 서시에게 춤과 악기를 가르쳐서 호색가인 오나라 왕 부차(夫差)에게 바쳤다. 부차는 서시의 미모에 빠져 정치를 돌보지 않았고, 이는 오나라의 국력을 쇠하게 하는 결정적인 요인이 됐다.

5 도연명의 '음주(飮酒)'라는 시의 한 구절.

어느 날 젊은 스님이 스승인 노스님과 함께 탁발을 하기 위해 산을 내려가고 있었다. 두 사람은 마침 계곡을 건너지 못해서 발만 동동 구르고 있는 처녀를 만나게 되었다. 노스님은 아무 망설임 없이 처녀를 등에 업고 계곡을 건넜다. 이 모습을 본 젊은 스님은 깜짝 놀랐지만 아무 말도 하지 않고 두 손을 합장한 채 나무아미타불을 외었다. 계곡을 건너고 이십 리 정도 더 갔을 때 젊은 스님이 스승에게 물었다.

"사부님, 저희는 출가한 몸인데 어떻게 젊은 처녀를 등에 업을 수 있습니까?"

그러자 노승은 웃으며 대답했다.

"나는 아까 계곡을 건넌 후 처녀를 등에서 내려놨는데, 너는 어찌하여 아직도 그 일을 등에 '업고' 있는 것이냐."

세상에는 젊은 스님처럼 다른 사람들은 이미 신경 쓰거나 개의치 않는 일을 홀로 마음에 두고 괴로워하는 이들이 많다. 이렇게 살면 인생이 얼마나 피곤할까! 노스님이 계곡을 건너자마자 처녀를 내려놓은 것처럼 껄끄러운 기억이 있다면 마음속에 오래 남겨두어서는 안 된다.

어차피 내려놓아야 할 사람이고 일이라면 더는 붙잡거나 고민하지 말고 내려놓자. 그 어떤 것이든 마음을 괴롭게 하는 것이면 내려놓아야 마땅하며, 빠르면 빠를수록 좋다. 행복해지고 싶다면 나를 행복하지 않게 만드는 것들은 내려놓으면 된다.

미국 작가 닐 도날드 월시(Neale Donald Walsch)는 저서 『신과 나눈 이야기(Conversations with God)』에서 이렇게 말했다. "나는 내가 가진 그 어떤 것도 영원히 붙잡아 두지 못했다. 어떤 물건을 평생 간직하고자 하면 금방 잃어버렸고 사랑을 붙잡아 두려고 하면 떠나갔다. 이후에야 깨달았다. 무언가를 소유하는 유일한 방법은 붙잡지 않고 놓아주는 것임을."

내려놓는다는 것은 표면적으로는 아주 간단한 것처럼 보이지만 막상 실천하려면 쉽지 않다. 내려놓을 줄 아는 사람은 명석하고 성숙하다. 중국 천태종의 고승 담허대사(倓虛大師)는 내려놓음에 대해 '간파(看破), 방하(放下), 자재(自在)'를 강조했다. 꿰뚫어 보아야 내려놓을 수 있고 그래야만 자유로울 수 있다는 뜻이다.

살다 보면 행복의 비결은 소유하는 것이 아니라 내려놓음에 있다는 것을 깨닫는 날이 올 것이다. 씨앗을 땅에 심으면 자라서 나무가 되듯이 집착을 내려놓으면 자유로움이 자라나고, 안 좋은 습관을 내려놓으면 건강이 자라나며, 고민을 내려놓으면 즐거움이 자라날 것이다. 눈에 보이는 것을 내려놓는 것도 중요하지만 보이지 않는 마음속의 잡념들을 내려놓는 것이 더욱 중요하다.

한 남자가 값이 비싸고 아름다운 화병 두 개를 부처 앞에 들고 가 자신의 고민을 해결해주고 즐겁게 살게 해달라고 간청했다. 그의 말을 들은 부처가 말했다.

"내려놓아라."

남자는 왼손에 들고 있던 화병을 부처 앞에 내려놓았다.

부처가 다시 말했다.

"내려놓아라."

그러자 남자는 오른손에 들고 있던 화병을 부처 앞에 마저 내려놓았고 부처가 또다시 말했다.

"내려놓아라."

남자는 영문을 몰라 부처에게 물었다.

"하지만 부처님, 저는 화병을 모두 내려놓았는걸요. 더 이상 내려놓을 것이 없는데 무엇을 더 내려놓으라고 말씀하시는 거죠?"

부처가 한숨을 쉬며 남자에게 말했다.

"네게 내려놓으라고 한 것은 손에 든 화병이 아니라 바로 세상을 향한 네 마음속 집착이니라."

버릴 줄 아는 지혜

　여유롭고 자유롭게 살기 위해서는 버릴 줄 아는 지혜가 필요하다. 이러한 지혜를 얻은 사람은 인생이 더욱 즐겁다. 특히 예전의 것을 버려야 새로운 것을 얻을 수 있다. 버리는 것과 얻는 것은 모순되지만 하나로 엮여 있다. 둘은 동전의 양면처럼 완전히 다르지만 따로 떼어놓을 수 없으며 언제나 붙어 다닌다.
　"평생 얻은 것과 잃은 것을 더하면 결과는 무조건 '영(0)'이다."라는 말이 있다. 세상 사람 누구나 얼마만큼 잃었으면 다시 그에 해당하는 만큼 얻게 될 것이라는 뜻이다. 그러니 얼마나 잃고 얻었는지에 연연할 필요가 없다.
　만약 잃을 때마다 슬퍼하고 얻을 때마다 기뻐하기를 반복한다면 우리 마음은 평안할 수 없을 것이다. 잃고 얻는 것에 대한 집착은 괴로움의 근원이고 행복을 방해하는 요소이기 때문이다. 버리는 것과 얻는 것의 이치를 깨닫고 나면 그런 집착에서 자유로워질 수 있다.

옛날에 한 형제가 있었다. 그들의 아버지는 죽기 전 형제에게 배나무를 한 그루씩 물려줬다. 형제는 배를 팔아 번 돈으로 가족들을 부양했고 부유하지는 않았지만 안정적인 삶을 살았다. 그런데 어느 해 동생네 배나무에 병충해가 생겼고 온갖 방법을 모두 동원했지만 나무는 결국 말라 죽었다. 배나무가 없다는 것은 더 이상 수입원이 없다는 것을 의미했다.

형과 형수는 동생의 처지를 안타까워하면서도 속으로는 자신들의 배나무가 무사한 것을 다행으로 생각했다. 형수는 형이 운이 좋으니 망정이지 동생네처럼 배나무가 없어지면 어떻게 살아야 할지 막막할 것 같다며 만나는 사람마다 떠들어댔다. 동생의 아내는 배나무 앞에서 통곡을 하며 자신이 운이 나쁜 여자라고 한탄했다. 동생은 애써 마음을 추스르고 아내를 위로하며 말했다.

"울지 말아요. 나무가 죽으면 사람이 산다는 말도 있잖소. 도시로 나가봅시다. 혹시 알아요? 우리에게 더 좋은 길이 있을지."

동생네 가족은 도시에 작은 집을 구해 이사를 갔다. 동생은 만두가게에 일자리를 구했고 아내는 집에서 살림을 하며 아이들을 돌봤다. 동생은 부지런하고 똑똑한 사람이었다. 그는 일하면서 틈틈이 만두 만드는 법을 익혔고 일 년 후 그동안 저축한 돈으로 조그만 가게를 차렸다. 반년 후, 그의 만두 가게는 장사가 잘되어 더 큰 가게로 옮겼다. 그렇게 승승장구한 동생은 몇 년 후 성공한 사업가가 되었다.

시간이 흘러, 동생네 일가족이 형과 형수를 보러 고향에 내려갔을 때 형네 가족은 여전히 배나무에 의존해 근근이 생계를 유지하고 있었다. 금의환향한 동생을 보고 형수는 배가 아팠다. 그리고 탄식하며 이렇게 생각했다.

'애초에 우리 나무가 죽었더라면 내가 저렇게 부자가 될 수 있었을 텐데!'

"인간만사 새옹지마(人間萬事 塞翁之馬)"라 하였다. 잃는다고 해서 반드시 불행해지는 것은 아니다. 인생에 잃는 것이 없다면 생각과 행동이 틀에 갇히고 말 것이다. 이처럼 '잃어버림'은 인생을 되돌아보고 새로운 운명을 개척하는 계기가 될 수도 있다.

인생이란 한쪽 문이 닫히면 다른 한쪽 문이 열린다. 그러니 중요한 것을 잃었다고 해서 너무 상심할 필요 없다. 새로운 인생을 시작할 수 있는 좋은 기회일 수도 있으니 말이다. 반대로 무엇인가를 얻었다고 해서 자만하면 안 된다. 그것은 더 좋은 것을 얻을 수 있는 기회를 지나쳤다는 의미일 수도 있다. 이러한 이치를 깨닫고 나면 잃는 것과 얻는 것으로 인한 번뇌에서 자유로워질 수 있고 인생의 굴곡을 조금 더 담담하게 마주하게 될 것이다.

버리면 더 좋은 것을 얻는다. 사업을 할 때 과감히 포기하는 용기가 있다면 더 크게 번창할 수 있고 일상생활 속에서도 버림의 지혜가 있다면 더 윤택한 삶을 살 수 있다.

유명한 액션 영화배우인 아놀드 슈워제네거(Arnold Schwarzenegger)가 처음 캘리포니아 주지사에 당선되었을 때 사람들은 그의 정치가로서의 능력을 의심했다. 그들은 슈워제네거를 생각이 단순하고 체격이 좋은 연기자로만 봤기 때문이다. 어느 날, 한 칵테일파티에서 어떤 사람이 그에게 일부러 이런 질문을 던졌다.
"주지사님이 당선될 수 있었던 이유가 혹시 '터미네이터' 같은 체격과 티켓박스 흥행 신화 덕분은 아니었을까요?"
슈워제네거는 담담하게 말했다.
"여러분은 제가 과거에 쌓은 명성을 주지사 선거에 이용했다고 생각하는군요. 하지만 틀렸습니다. 제가 한 가지 질문을 드릴게요."
그는 한 유명한 백만장자에게 이렇게 물었다.
"당신은 산에 올라가 본 적이 있나요?"
"당연하죠. 아마 여기 있는 사람들 모두 산에 올라본 적 있을 걸요. 너무 간단한 질문 아닌가요?"
"그럼 만약 당신이 산 정상에 오른 후, 다른 산의 정상에 오르고 싶으면 어떻게 하죠?"
"주지사님, 그 문제는 제 손자도 대답할 수 있을 것 같은데요. 올라갔던 산에서 내려와 다른 산으로 옮겨가면 되죠. 물론 저처럼 개인 헬리콥터가 있다면 더 편하겠네요."
백만장자는 그의 질문을 비꼬듯 대답했고 자리에 있던 사람들이 모두 웃었다.

"그렇군요. 그럼 당신의 말대로라면 일단 올라갔던 산에서 내려와야 다른 산으로 갈 수 있다는 말이네요?"

"그렇죠. 한 사람이 동시에 두 개의 산에 오를 수는 없으니까요."

"좋습니다. 당신은 방금 내가 말하고자 했던 바를 대신 얘기해줬군요."

순간 파티장에 침묵이 흐르더니 잠시 후 여기저기서 박수가 쏟아져 나왔다.

이 이야기에서 아놀드 슈워제네거가 정치인으로서의 성공을 산 정상에 비유한 것은 매우 적절했다. 어떤 일에 성공을 거둔 후 또 다른 일을 시작하기 위해서는 이전에 얻은 모든 성과는 버리고 처음부터 다시 시작해야 한다. 한 분야에서 성공을 거둔 사람들은 바로 이런 버림의 지혜를 깨닫고 잘 활용한 것이다.

모든 선택은
마음에 달렸다

버림의 미학은 일상생활뿐만 아니라 다른 세상살이에도 충분히 적용해볼 수 있다. 얻는 것과 잃는 것은 매우 밀접한 관계가 있다. 그러므로 얻는 것이 있으면 언젠가 잃는 것이 있고, 잃는 것이 있으면 언젠가 얻을 것이다. 이러한 이치를 깨닫고 활용할 수 있다면 인생을 더 나은 방향으로 이끌어나갈 수 있다.

한 소년이 집이 가난해 거리로 나가 구걸을 했다. 어느 날 어떤 사람이 소년을 놀려볼 생각에 일 달러 지폐와 십 달러 지폐를 꺼내 보이며 둘 중 하나를 선택하라고 했다. 소년은 뜻밖에도 일 달러 지폐를 가져갔다. 주위에 있던 사람들은 소년이 십 달러 지폐를 가져가기 부끄러워서 그런 것이라고 생각했다. 하지만 또 다른 사람이 소년에게 지폐를 고르라고 했을 때도 소년은 고민 없이 일 달러를 택했다.

소년의 이야기는 마을 밖으로까지 퍼져나갔고 많은 사람들이 바보 소년을 시험하기 위해 일 달러와 십 달러 지폐를 들고 찾아왔다. 어떤 이는 일 달러 지폐를 가져가는 바보 같은 모습을 카메라에 담기 위해 여러 번 소년을 시험하기도 했다. 아무리 많은 사람들이 지폐를 들고 와도 소년은 십 달러가 아닌 일 달러 지폐를 선택했다. 사람들이 그 이유를 물었지만 소년은 아무 대답도 하지 않았다. 나중에 궁금해진 가족들이 이유를 묻자 소년은 그제야 대답을 했다. "만약 제가 십 달러 지폐를 골랐다면 저는 다른 거지들과 전혀 다를 바가 없었을 거예요. 그러면 지금처럼 많은 사람들이 저를 찾아오지도 않았겠죠."

소년은 어렸지만 지혜로웠다. 그는 사람들의 호기심을 얻는 방법을 알았고, 비록 거리에서 구걸을 했어도 나름의 개성을 살려 사람들의 관심을 불러 모았다. 결국 소년은 십 달러 지폐 하나를 포기한 대신 여러 명에게서 받은 일 달러 지폐들로 그보다 더 많은 수입을 올릴 수 있었다.

얻는 것과 잃는 것의 이치를 깨달았다고 해도 막상 선택의 순간이 오면 당황하기 마련이다. 인생에는 너무나 많은 선택의 순간이 있고 잃는 것이든 얻는 것이든 일단 결정하고 나면 영원히 되돌릴 수 없기 때문이다. 참깨 한 알을 얻으려다 수박을 잃는 경우가 생기면 안 되지 않겠는가.

그렇다면 인생의 수많은 선택 앞에서 무엇을 취하고 무엇을 버릴지 어떻게 판단해야 할까? 어떤 것을 버려야 후회하지 않고 어떤 것을 얻어야 귀하다고 말할 수 있을까? 아래 이야기에서 그 힌트를 찾아보자.

한 형제가 있었다. 그들은 전국을 유람하며 공부하고 싶었지만 연로하신 부모님과 어린 동생들 그리고 큰 형수와 아이들의 건강이 좋지 않았기 때문에 뜻대로 하지 못했다.

어느 날 형제는 길을 걷다가 명망 높은 스님을 만나게 되었고 자신들의 스승이 되어줄 것을 간청 드렸다. 그들은 가족들이 처한 상황을 자세히 설명했다. 스님은 형제의 이야기를 듣더니 두 손을 합장하고 눈을 감은 채 이렇게 말했다.

"버려야 한다. 버려야 한다. 버리지 않으면 얻지 못하느니라. 너희 형제는 아직 수행이 부족한 것 같으니 내가 십 년 뒤에 다시 너희를 만나러 오겠다."

스님이 떠난 후 형은 뭔가 깨달음을 얻은 듯 가족들을 떠나 자신의 길을 떠났다. 하지만 동생은 잠시 고민하다가 차마 가족들을 모른 척할 수 없어서 집에 남았다.

눈 깜짝 할 사이에 십 년이 지나갔다. 집에 돌아온 형은 불경을 외우며 제법 도인의 모습을 갖추고 있었다. 하지만 동생은 그동안 혼자 가족들을 돌보느라 힘이 들어 폭삭 늙어버렸다. 스님은 약속대로 형제를 만나러 왔고 그들에게 지난 십 년 동안 어떤 깨달음을 얻었는지 물었다.

형은 그동안 방방곡곡에 있는 절을 찾아다니며 수행하고 천 권이 넘는 불경을 외우는 등 깨달은 바가 무척 많았다고 얘기했다. 하지만 동생은 지난 시간 동안 부모님의 장례를 치르고 아픈 형수를 간호하며 동생들을 결혼시키느라 정작 자신은 아무것도 할 시간이 없었다고 고백했다. 스님은 형제의 이야기를 모두 듣고는 동생을 제자로 삼기로 결정했다. 형은 이해할 수 없다는 듯 스님에게 그 이유를 물었다. 스님이 말했다.

"부처님은 유명한 산이나 절에 있는 것이 아니라 바로 우리 마음에 있다. 마음에 선함을 간직하고 있는 것이 불경 천 권을 읽는 것보다 중요하다. 부모조차 공경하지 않는 자가 어찌 중생들을 가르치려고 하느냐. 현재를 버리고 미래를 좇는 자는 내 제자가 될 자격이 없다."

"부처님은 마음속에 있다(佛在心中)."는 말처럼 얻는 것과 잃는 것도 우리 마음속에 있다. 어떤 것이 더 중요한지는 각자의 마음속 저울에 따라 다르다. 모든 것은 직접 경험해보고 깨달음을 얻어야 한다.

맹자(孟子)는 "물고기도 내가 원하는 것이고, 웅장(곰의 발바닥) 역시 내가 원하는 것이다. 두 가지를 동시에 얻을 수 없다면 나는 물고기를 포기하고 웅장을 가질 것이다."[6]라고 했다. 당신은 물고기와 웅장 중 어떤 것을 택하겠는가? 언제 어디서 어떤 문제를 만나든 무엇을 버리

---

6 『맹자(孟子)』「고자장구 상(告子章句 上)」편의 제십장 '어여웅장(魚與熊掌)'.

고 무엇을 택할 것인지는 온전히 자신의 마음에게 물어야 한다. 마음 가는 대로 선택하면 후회하지 않을 수 있다. 만약 그것이 잘못된 선택이라 할지라도 잃은 것을 안타까워하기보다는 얻은 것을 감사하고 소중하게 생각해야 한다.

중국의 근대 시인 쉬즈모[徐志摩][7]의 시 '양계초에 부치며(致梁啓超)'에는 이런 구절이 있다.

> 얻는다면 다행이고
> 얻지 못하는 것도 나의 운명이겠지요.

이처럼 적절히 버리고 취할 줄 아는 인생의 지혜는 삶을 더욱 여유롭고 평온하게 만들어준다.

---

[7] 쉬즈모는 봉건제도를 반대하고 개인의 자유와 허무주의를 추구하는 신월파(新月派)를 조직, 중국 문학사에 한 획을 그은 유명한 시인이다.

외로움의 다른 말, '수행'

인생에서 외로움은 피할 수 없다. 나이가 많든 적든 한 번쯤은 깊은 외로움에 휩싸일 때가 있다. 외로움은 때로는 아주 짧은 순간의 고독으로 끝날 때도 있지만, 가끔씩 오랜 시간 동안 그림자처럼 뒤를 따라다니기도 한다.

또한 외로움은 공평하다. 왕이든 백성이든, 부자든 거지든 구분하지 않고 찾아오기 때문이다. 많은 사람들이 외로움을 견디지 못해 성공을 포기하거나 잘못된 선택을 해서 자신을 곤경에 빠트리기도 한다. 반면 사업에서 성공한 사람들이나 행복한 삶을 사는 이들은 대부분 지독한 외로움을 견뎌낸 경우가 많다.

옛말에 "학문에 매진하는 십 년 동안 아무도 찾지 않더니 명성을 얻으니

천하가 나를 알아준다(十年寒窓無人問, 一擧成名天下知)."⁸고 했다. 십 년이라는 긴 세월 동안 아무도 찾지 않으니 얼마나 외롭겠는가! 하지만 그런 외로움을 견뎌내고 노력을 이어가야 명성을 얻고 천하에 이름을 날릴 수 있다는 의미이다.

오늘 날에도 많은 이들이 성공하고 싶다면 외로움을 견디라고 말한다. 성공은 늘 외로움 바로 뒤에 숨어 있는 법이라고 말이다. 예나 지금이나 외로움을 견디는 것이 성공의 전제조건 중 하나임은 분명하다. 중국 온라인게임 운영업체 샨다[盛大]의 대표 천톈차오[陳天橋]는 외로움을 견디고 고독함 속에서 자신을 단련했다.

1993년, 천톈차오는 우수한 성적으로 상하이 푸단[復旦] 대학교를 일 년이나 조기졸업하고 루자주이[陸家嘴] 그룹에 취직했다. 그의 업무는 매우 간단했는데 작은 사무실에서 회사소개와 현황에 관한 동영상을 반복해서 틀어주는 것이었다.

겨우 이십 대 초반이었던 그는 작은 사무실에서 열 달을 외롭게 보내야 했다. 천톈차오는 재능과 원대한 포부가 있었지만, 다른 사람과 자신의 꿈에 대해 얘기할 기회조차 갖지 못했고 지루한 영상이나 돌리면서 시간을 썩혀야 했다. 그는 이상과 현실의 괴리를 느꼈고 지독한 외로움과 싸워야 했다.

하지만 천톈차오는 실망과 좌절감을 금세 털어버리고 그 시간을 미래를 위해 공부하고 의지를 단련하는 좋은 기회로 삼았다. 시간이

---

8 중국 금(金)나라 때 유기(劉祁)가 지은 『귀잠지(歸潛志)』에 나오는 구절.

날 때마다 책을 읽었고 자신의 꿈을 실현하기 위한 기반을 닦았다. 그리고 마침내 기회가 왔다. 그룹 산하에 있는 직원수 이백여 명 규모의 중소기업 간부가 갑자기 그만두면서 자리가 난 것이다. 천톈차오는 그 기회에 도전했고 부사장에 임명되었다. 푸단대학교 경제학과에서 배운 지식과 외로웠던 시기에 단련된 의지가 더해져 그는 부사장으로 일하는 동안 훌륭한 성과를 냈다. 이후 천톈차오는 루자주이 그룹을 떠나 아내와 동생 그리고 동창들과 함께 샨다 그룹을 설립하고 꾸준히 몸집을 키워 재벌 대열에 합류했다. 천톈차오는 젊은 시절의 경험에 대해 이렇게 말했다.

"당시 나는 젊은 나이에, 그것도 나름 명문대 조기 졸업이라는 우수한 배경에도 불구하고 열 달이라는 시간을 작은 사무실에서 지루한 영상이나 틀면서 외로움과 싸웠습니다. 하지만 난 그 시간을 견디며 많은 것을 공부하고 미래를 준비했죠. 그런 경험이 후대의 젊은이들에게 교훈이 될 수 있다고 생각합니다. 요즘 젊은이들은 회사에 오면 자신이 어떤 능력이 있고, 어떤 일이 하고 싶은지 등에 관해 말이 너무 많습니다. 그러나 환경이 내게 적응하기만을 기다리기보다 주어진 환경에 내가 먼저 적응해야 합니다."

천톈차오의 경험은 중국의 베스트셀러 작가이자 화가인 리우용[劉墉][9]의 말을 떠올리게 한다. "젊은이들은 일정 기간 잠수함 같은 생활

---

9 중영(中英) 문학작품 70여 권을 출간했고 그림을 그려 세계 각지에서 30여 차례 개인전을 열었다. 주요 저서로는 『마음에 새기는 처세의 기술(點滴在心的處世藝術)』, 『사랑에도 거짓이 필요하다(愛不厭詐)』, 『자연 속의 일기(花痴日記)』, 『성공으로의 첫걸음(跨一步就成功)』 등이 있다.

을 해야 한다. 즉 잠시 몸을 감추고 외로움과 싸우며 목표를 찾고 힘을 비축해야 한다는 말이다. 그래야 두려움을 이기고 수면 위로 떠오를 수 있다."

천톈차오처럼 외로움을 견디며 실력을 기르고 성공을 거둔 사람은 역사 속에도 수없이 많다. 대표적으로 전한(前漢) 시대의 역사가 사마천(司馬遷)은 외로움과 싸우며 그 유명한 『사기(史記)』[10]를 집필했고, 중국 청나라 초기의 소설가 겸 극작가인 포송령(蒲松齡) 역시 외로운 요재(포송령의 서재)에서 『요재지이(聊齋志異)』[11]를 완성했으며, 청나라 중기의 소설가 조설근(曹雪芹)은 찢어지게 가난하고 외로운 생활을 견디며 걸작 『홍루몽』을 창작했다.

이렇듯 역사적으로 유명한 사람들은 대부분 외로웠다. 하지만 그 외로움 덕분에 성공을 위한 발판을 마련할 수 있었다.

---

10 상고시대의 오제(五帝)부터 한(漢)나라 무제(武帝) 태초(太初)연간(기원전 104년~101년)에 이르기까지 중국과 그 주변 민족의 역사를 포괄하여 저술한 역사서. 동양 역사서의 근간이자 세계적인 고전으로 손꼽힌다.

11 중국 청나라 초기에 나온 문어체의 괴이(怪異) 소설집. 신선·여우·도깨비 등 민간에서 취재한 기이한 이야기가 주를 이룬다.

혼자의 시간을 즐겨라

잡지나 텔레비전 프로그램을 보다 보면 유명한 사업가나 벤처기업의 성공 신화를 종종 접할 수 있다. 이때 대부분의 사람들은 저들이 어떻게 성공을 거두고 부자가 되었는지에만 관심을 갖지, 성공하기 전에 어떤 어려움이 있었고 얼마나 오랜 시간 외로움과 싸웠는지에 대해서는 주의를 기울이지 않는다.

성공하기 위해서는 외로움을 견뎌야 한다. 일상생활 속에서도 외로움을 초월하는 연습이 필요하다. 안타깝게도 사람들은 대인관계는 무척 중요하게 생각하면서 외로움을 견디고 혼자 있는 시간을 통해 자신을 한 단계 발전시키는 능력이 얼마나 중요한지는 인식하지 못하고 있는 듯하다. 이런 능력이 부족할 경우 인생은 혼란에 빠지기 쉽다.

어떤 사람이 스님에게 이렇게 물었다.

"외로움을 견디고 즐길 수 있는 방법은 무엇인가요?"

그러자 스님은 이렇게 대답했다.

"외로움을 기꺼이 받아들이는 사람은 영원히 외롭지 않을 것입니다."

외로움은 떠들썩하고 어지러운 세상, 형형색색의 유혹으로부터 멀어지게 해준다. 또한 마음을 차분히 가라앉히고 평온한 상태를 유지할 수 있게 한다. 독일의 유명한 철학자 니체는 외로움에 관해 이렇게 말했다. "인간의 생활을 순수하고 깨끗하게 해준다는 점에서 외로움은 아름다운 것이다."

사람은 혼자 있을 때 감정이 더욱 풍부해진다. 그 덕분에 수많은 위대한 예술가가 배출될 수 있었고, 우리는 예술의 아름다움을 감상하고 즐길 수 있는 안목을 갖게 된 것이다.

이제 곧 나이 서른이 되는 여자가 있었다. 그녀는 외모, 직업, 가정환경까지 무엇 하나 빠지는 조건이 없었고 쫓아다니는 남자도 많았다. 하지만 여자는 자신과 성향이 비슷한 사람을 만나고 싶다며 가족들의 재촉과 뭇 남성들의 구애를 모두 거절한 채 줄곧 혼자 지냈다.

그후 한 살씩 나이를 먹고 주변 친구들이 하나둘 결혼해 아이를 낳으면서 그녀는 점점 외로워졌다. 친구들과 어울리는 것을 좋아했지만 그녀의 친구들은 다들 각자의 일로 바빠져 만나기 힘들었다.

그렇게 반년이 지나자 여자는 견디지 못하고 결혼을 결심했다.

남편은 여자만큼 조건이 빠지지 않는 사람이었고 그녀를 진심으로 사랑했지만 두 사람의 취미나 인생관은 너무나 달랐다. 게다가 여자가 결혼을 한 이유는 순전히 외로움에서 벗어나기 위해서였기 때문에 둘의 결혼 생활은 애정이 없고 무미건조했다. 그녀가 아무리 노력해도 남편과는 공통의 대화거리가 없었고 함께 있어도 즐겁지 않았다.

그러다 일 년 후, 여자 앞에 그동안 찾아 헤맨 이상형이 나타났다. 하지만 결혼해서 가정이 있는 여자로서는 이상형인 남자를 그저 지켜볼 수밖에 없었다. 이듬해, 더 이상 의미 없는 결혼 생활을 지속할 수 없음을 깨달은 여자는 이혼을 했고 자신의 이상형인 남자와 함께 새 삶을 꿈꿨다. 하지만 이상형인 남자는 이미 결혼해서 가정을 꾸린 상태였다.

실제로 주변을 살펴보면 이야기 속 여자처럼 외로워서 결혼을 결심한 사람들이 의외로 많다. 그들은 결혼의 참뜻을 이해하지 못한 채, 그저 자신의 외로움을 해결해줄 도구로 삼은 것이다. 그렇게 결혼해서 행복하게 잘 살 수 있을 거라는 건 큰 착각이다. 혼자인 생활이 외로워서 결혼한 이야기 속의 여자는 결혼 생활이 외롭다고 결국 이혼했지 않은가. 그렇게 되면 좋은 인연과 행복한 결혼 생활 모두를 놓치는 셈이다. 생각해보라. 만약 당신이 이야기 속 여자라면 과연 이혼 후에는 외롭지 않을 수 있겠는가?

많은 사람들이 외로움에서 벗어나기 위해 발버둥 친다. 그들은 혼자 있을 때 불안함을 느끼고 혼자 있는 자신과 대면하는 것을 두려워한다. 그래서 온갖 방법을 동원해 외로움을 해소한다. 어떤 사람은 친구들을 불러 밤새 먹고 마시는가 하면, 어떤 사람은 눈코 뜰 새 없이 일에 파묻혀 외로울 틈을 만들지 않는다. 이야기 속 여자처럼 서둘러 결혼을 하거나 연애를 하는 사람도 있다. 그러나 안타깝게도 외로움에서 벗어나기 위해 잡은 지푸라기는 언젠가 그 쓰임을 다하면 쓸모없어진다. 외로움은 벗어나려고 하면 할수록 더욱 깊이 빠져드는 법이다. 물에 빠졌을 때 허우적거리면 더 깊이 빨려 들어가는 것과 마찬가지이다.

결혼하기 전에는 혼자 외로웠지만 결혼 후에는 두 사람이 함께 외롭다는 사람, 성공을 위해 홀로 고군분투할 때도 외로웠는데 높은 자리에 오르고 나니 더 외롭다는 사람, 돈이 없어 집에만 있을 때 너무 외로웠는데 돈이 넘치도록 많아지니 이젠 어딜 가도 낯설어서 장소를 가리지 않고 외롭다는 사람까지 우리의 일상은 어느 샌가 '외로움' 속에 파묻혀 버렸다.

그러나 외로움은 지극히 심리적인 것으로 실상 외부적인 요소와는 관련이 없다. 여러 가지 색을 합쳐놓은 것이 인생이라면, 외로움은 그 밑바탕이 되는 색이다. 아름다운 색채는 바로 이러한 밑바탕 때문에 더욱 선명하게 빛날 수 있다. 그러므로 외로움을 두려워하지 말고 기꺼이 받아들이고 즐기는 법을 배워야 한다. 외로움은 일종의 수행이다. 외로움 때문에 더 이상 불안해하지 않고 혼자만의 시간을 즐길 수 있다면 외로움은 자신과 똑바로 대면할 수 있고 그동안 살아온 삶을 되돌아볼 수 있는 좋은 기회가 될 것이다. 그리고 그 외로움에서 벗어날 때 더 멋진 인생이 눈앞에 펼쳐져 있을 것이다.

　외로움을 성공의 잠재력으로 키우고 영혼을 깨끗이 하는 세례로 여긴다면 불안감을 떨쳐버리고 마음의 평온을 되찾을 수 있다. 또한 외로움을 즐기다 보면 변화무쌍한 세상과 인생의 기복을 차분한 마음가짐으로 받아들일 수 있을 것이다.

돈으로 살 수 있는
행복은 없다

　사람은 누구나 행복하게 살기를 원한다. 하지만 안타깝게도 행복이 어떤 모습인지, 어떻게 해야 행복해질 수 있는지 정확하게 답할 수 있는 사람은 아무도 없다. 어떤 사람들은 행복은 물질적인 풍요로움에서 온다고 믿는데 그들의 논리에 따르면 돈이 많으면 행복하고 돈이 없으면 불행한 사람이 되는 것이다.

　경제전문가들은 수입, 재산 등과 관련된 행복은 고작 십오 퍼센트에 불과하다고 말한다. 나머지 팔십오 퍼센트는 생활 습관, 자기 제어, 대인관계, 수면, 운동, 여가 등 기타 요소에서 비롯된다는 것이다. 꼭 전문가들의 의견이 아니더라도 우리는 경험을 통해 행복이 물질적인 것과는 크게 관련 없다는 사실을 알게 된다.

　오늘날 대부분의 사람들은 부모 세대에 비해 풍요로운 생활을 누리고 있다. 좋은 것을 먹고, 좋은 옷을 입고, 즐길거리도 많아졌다. 그러나 이상하게도 행복의 수준은 그만큼 높아지지 못한 듯싶다. 오히려 풍족하지 않은 삶을 살았던 부모 세대보다 더 자유롭지 못하게 살고 있는 현실을 종종 발견한다. 이렇듯 물질적 풍요로움은 마음에 부담을 줄 뿐만 아니라 쉽게 우울해지게 만드는 역효과가 있다.

대기업 회사원만큼 돈은 벌지 못해도 언제나 밝은 얼굴로 사는 식당 종업원이 있는가 하면, 늘 짜증과 근심이 가득한 얼굴로 사는 고액 연봉자들도 있다. 또 한적하고 소박한 농촌에서도 매일 즐겁고 유쾌한 나날을 보내는 사람들이 있으며, 화려하고 사람이 북적거리는 도시에 살면서 밤마다 술집을 전전하며 고독을 달래는 사람들도 많다.

어째서 돈이 많은 사람이 불행에 빠지는 걸까? 그것은 돈이 가진 양면성 때문이다. 돈은 사람들의 욕망을 채워줌과 동시에 소박한 행복과 즐거움을 느낄 수 있는 능력을 서서히 감퇴시킨다. 돈은 행복을 가져다줄 수도 있고 반대로 빼앗아갈 수도 있다. 그러므로 정신적으로 풍요로운 사람이야말로 가장 행복한 사람이다.

한 심리 전문가는 행복을 느낄 수 있는 가장 간단한 방법은 나보다 못한 사람과 비교하는 것이라고 말했다. 즉 나보다 가난하고, 작은 집에서 살며, 작은 차를 타는 사람과 비교하다 보면 내가 느끼는 행복감이 상대적으로 커진다는 것이다. 하지만 현실에서 대부분의 사람들은 반대로 자기보다 많이 가진 사람과 비교하지 않는가. 그래서 좌절하고 초조해하며 자신이 불행하다고 여긴다.

결론적으로 말하면 행복에 가까워질 수 있는 가장 효과적인 방법은 마음가짐을 바꾸는 것이다. 이와 관련해 영화배우 리렌제[李連杰]의 경험을 교훈 삼을 만하다. 국제자선단체 '일기금(壹基金)'의 설립자 리렌제는 세계적인 무술 배우이자 자선사업가이다. 그는 일기금 좌담회에서 자신의 인생 여정에 대해 이렇게 이야기했다.

제가 아주 어렸을 때 어른들은 늘 이렇게 말씀하셨어요. "유명한 사람이 되려면 좋은 학교에 들어가서 반드시 일등이 돼야 한다." 그래서 어른들이 말하는 명예를 얻기 위해 전 하루도 빠짐없이 무술 연습에 매진했고 어린 나이에 큰 명예를 얻었죠. 한동안은 우월감에 빠져 우쭐거렸지만 이내 많은 것을 잃어버렸다는 걸 깨닫게 됐습니다. 명예를 얻은 대신 유년시절의 즐거움을 잃었던 거예요. 저는 또래 아이들보다 걱정이 많았고 늘 마음이 무거웠습니다. 하지만 사람들은 이 사실을 모른 채 제가 굉장히 행복할 거라고 생각했죠.
열여섯 살이 되던 해, 문득 명예만으로는 뭔가 부족하다는 생각이 들었습니다. 명예와 돈이 함께 있으면 더 행복할 것 같았죠. 그래서 돈을 벌기 위해 고군분투했고 1982년 열아홉 살의 나이에 당시로서는 천문학적인 금액을 손에 넣을 수 있었습니다. 하지만 어떤 이유에서인지 저는 행복하지 않았죠. 그래서 혹시 돈이 부족해서 그런 것인가 하는 생각에 삼 년 동안 더 열심히 벌었고 제 은행잔고는 열 배가 더 늘어났습니다. 하지만 기쁨도 잠시, 저는 더 많은 돈을 벌고 싶어졌습니다. 그리고 1992년에 은행잔고는 또다시 열 배 늘어났습니다. 그렇지만 이 세상에 저보다 돈이 많은 사람은 여전히 많았고 저는 그들을 따라잡기 위해 더 열심히 일했죠.

그러던 어느 날 공원에서 산책을 하다가 한 칠십 대 노인을 만나게 되었습니다. 그 노인은 평생 많은 부와 명예를 쌓았지만 조금도 행복하지 않다고 말했습니다. 저는 의아해하며 그렇게 많은 부와 명예가 있으면서 왜 행복하지 않느냐고 물었죠. 노인은 지금 자신이 가진 재산을 아들들에게 어떻게 나눠줘야 할지 몰라 골치가 아프다고 말했습니다. 둘째는 능력이 없기 때문에 첫째에게 모두 물려주는 것이 맞지만, 그러면 둘째가 가만있지 않을 테고, 그렇다고 둘째에게 물려주자니 첫째가 불만을 보일 게 뻔해서 어떻게 해야 좋을지 모르겠다는 것이었죠.

노인의 말을 듣고 서는 크게 놀랐습니다. 저도 노인처럼 그동안 명예와 돈을 쌓기만 했을 뿐 행복을 찾지는 못했으니까요. 전 그날부터 아주 오랜 시간 아무 일도 하지 않은 채 앞으로 어떤 삶을 살아야 행복할 수 있을지 고민했습니다.

그리고 깨달았습니다. 지금까지 내가 추구한 것은 모두 명예와 돈 같은 외적인 것이었고 어느 정도 행복과 즐거움을 느낄 수 있었지만 아주 잠시뿐이었다는 사실을 말이에요. 그래서 전 앞으로는 다른 사람을 도와주고 행복을 선물해주자고 결심했습니다. 그건 저를 행복하게 해주는 일이기도 했죠. 그때부터 저는 완전히 새로운 인생을 살았습니다. 다른 사람에게 행복과 즐거움을 주는 일이 제게 참된 행복을 가져다줬기 때문입니다.

사람들은 항상 더 많은 돈을 갖고 싶어한다. 왜 그럴까? 풍족하게 살기 위해서이다. 그렇다면 풍족하게 살고 싶은 이유는 무엇일까? 결국 더 많은 행복과 즐거움을 얻기 위해서이다. 돈을 번다는 것은 목적이 아니라 행복한 삶을 살기 위한 하나의 수단일 뿐이다. 그러므로 열심히 일해서 돈을 모을 때는 과연 내가 이 돈으로 어떻게 행복해질 수 있을지 끊임없이 생각해봐야 한다. 부유함은 누구나 누릴 수 있는 것이 아니지만 행복은 누구나 누릴 수 있다. 행복은 언제나 손을 뻗으면 닿을 곳에 있기 때문이다.

행복은
사람을 가리지 않는다

행복이란 무엇인가? 행복은 본질적으로 심리적인 즐거움을 의미한다. 저명한 소설가 겸 학술연구자인 첸중수[錢鐘書]는 행복이 어느 정도 돈의 영향을 받을 수는 있어도 결국 심리적인 것이라고 말했다. 돈 그 자체가 즐거움을 주는 것이 아니라 돈으로 좋아하는 물건을 사거나 조금 더 편안한 생활을 누릴 때 심리적인 만족을 얻기 때문이다. 바꿔 말하면 돈 없이도 즐겁고 심리적인 만족을 얻을 수 있다면 그 역시 행복이 되는 것이다.

그렇다면 이런 생각도 해보자. 벤츠를 몰고 출근하는 사람은 버스를 타고 출근하는 사람보다 행복할까? 집도 있고 차도 있고 안정적인 직장도 있는 사람은 수입은 그저 그렇지만 방방곡곡을 유랑하는 사람보다 행복할까? 다음의 경제심리학 관련 실험은 돈에 대한 사람들의 인식을 통해 행복과의 상관관계를 증명했다.

1998년, 한 중국계 미국인 경제학자가 아이스크림을 이용해 실험을 했다. 그는 유명 브랜드의 아이스크림을 준비해 A아이스크림 이백 그램을 약 백오십 그램 용량의 컵에 넘치게 담았고, B아이스크림 이백삼십 그램을 약 이백팔십 그램 용량의 컵에 담았다. 물론 B아이스크림이 담긴 컵은 가득 차지 않았다.

이 실험에서 알아보고자 한 것은 사람들이 과연 어떤 아이스크림에 더 많은 돈을 지불하느냐는 것이다. 이론적으로 볼 때 아이스크림을 좋아하는 사람이라면 당연히 아이스크림이 더 많이 담겨 있는 B를 골라야 한다.

하지만 두 종류의 아이스크림을 함께 놓고 비교하지 않았을 때 사람들은 가득 찬 듯 보이지만 실제로는 더 적은 양이 담긴 A아이스크림에 더 많은 돈을 지불했다. 실험에 참가한 사람들은 A아이스크림에는 이 달러 이십육 센트까지 지불하겠다고 했지만 B아이스크림에는 일 달러 육십육 센트 이상 지불하지 않겠다고 했다. 사람들이 정말로 원한 것은 더 많은 물질이 아닌 더 큰 만족감이었던 것이다.

이 실험을 통해 알 수 있듯 사람들의 마음속에서 돈은 숫자를 나타내는 것일 뿐 그 자체로 행복을 의미하지는 않는다. 어느 정도의 물질은 행복의 일부분이라고 말할 수 있지만 아주 기본적인 요구를 만족하고 나면 물질과 행복의 관계는 정비례하지 않는 것이다. 반체제 문학가로 널리 알려진 왕샤오보[王小波]는 이렇게 말했다. "학생들은 가난한 사람 중에 가장 의기양양하다. 그들은 현재 가난하지만 앞날만은 밝기 때문이다."

앞서 살펴봤던 리롄제의 이야기는 욕망의 노예가 되기보다 꿈의 주인이 되라고 일러주었다. 당신에게 꿈이 있고 그것을 이루기 위해 노력한다면 그 과정만으로도 큰 행복을 느낄 수 있을 것이다. 돈이 많은 것이 곧 행복한 것이라고 생각하는 사람은 십중팔구 불행하다. 그들은 행복의 본질을 이해하지 못한 채 행복과 돈을 동일시하고 있기 때문이다.

이십 세기 중반, 미국에서 크게 성공한 한 사업가가 있었다. 그는 석유 산업을 독점하고 금융권을 좌지우지했으며 심지어 국회에서도 그의 의견에 귀를 기울였다. 하지만 아무리 많은 재산과 높은 명예가 있어도 그는 행복하지 않았고 늘 불안하고 초조했다. 결국 그는 심한 우울증에 걸렸고 유명한 병원은 모두 찾아다녔지만 소용이 없었다.

이후 그는 우울한 마음을 달래기 위해 여행을 하던 중 중국 허난〔河南〕지역의 한 사찰에서 하룻밤 머물게 되었다. 그날 밤 무슨 일이 있었는지는 모르지만 다음날 아침 일찍 그는 짐을 챙겨 미국으로 돌아갔다. 그리고 도착해서 가장 먼저 회장직을 사퇴하고 은퇴를 선언했다. 당시 「워싱턴포스트(The Washington Post)」의 한 기자가 이에 관해 논평을 썼는데 이 사실을 알게 된 그는 논평이 실린 모든 신문을 사들여 태워버렸다.

이때부터 그는 자선사업에 몰두했고 자신의 재산으로 도움이 필요한 사람들을 도와줬다. 그는 빈민가나 고아원에 있을 때 가장 즐거워 보였다. 그를 알던 사람들은 그가 큰 병에 걸렸거나 귀신에 홀린 게 아니냐며 수군거렸다. 하지만 사람들이 어떻게 생각하든 그는 개의치 않았고 극심했던 우울증도 서서히 치유되어 갔다.

이윽고 세월이 흘러 그는 아흔둘의 나이로 미국 델라웨어의 한 농장에서 조용히 숨을 거두었다. 이후 그가 사찰에서 머물렀던 그날 밤 무엇을 깨달았는지 세상에 알려졌다. 농장에서 발견될 당시 그의 손에 양가죽으로 만든 수첩이 들려 있었는데 그 안에는 이런 글귀가 적혀 있었다.

'욕망에 빠진 사람은 횃불을 잡고 바람을 거슬러 가다가 손에 화상을 입는 것과 같다.'

그리고 밑에는 그의 설명이 적혀 있었다.

'진정한 즐거움과 영원한 행복은 모두 마음에서 비롯된다. 돈이나 육체적인 쾌락 등 외적인 것으로 얻은 즐거움은 오래가지 않는다.'

행복을 결정짓는 것은 바로 마음가짐이다. 소극적이고 부정적인 마음가짐을 가진 사람은 좋은 집에서 맛있는 음식을 먹어도 근심과 걱정이 가득할 테지만, 여유롭고 긍정적인 마음가짐을 가진 사람은 단칸방에 살아도 웃음이 끊이지 않을 수 있다.

우리가 꿈을 간직하고 긍정적인 마음가짐으로 인생을 대하며 아주 평범한 것에서도 감동을 느낄 수 있다면 행복은 언제나 가까운 곳에서 기다리고 있을 것이다.

인연은 강물처럼 흐른다

'그 사람은 왜 나를 좋아하지 않는 걸까?'
'왜 나를 떠나려는 거지?'
'어째서 나는 내가 원하는 걸 가질 수 없는 걸까?'

많은 사람들이 살면서 마음속에 이런 의문을 갖는다. 하지만 그 질문들은 모두 부질없다. 인연은 우리 힘으로 어떻게 할 수 있는 것이 아니기 때문이다. 인연은 인연일 뿐 어떠한 이유도 없고 이유를 필요로 하지도 않는다. 세상 만물은 만나고 헤어지는 과정에서 변화를 거듭한다. 만남이 있으면 헤어짐이 있고, 시작이 있으면 끝이 있다. 인연은 그런 것이다. 또한 인연의 끝은 새로운 인연의 시작을 의미한다.

인생에서 내가 어떤 길을 걷든 인연은 늘 그림자처럼 따라다닌다.

사람과의 인연, 재물과의 인연, 좋은 인연, 나쁜 인연 등 인연은 강물처럼 생의 모든 줄기에 흐르고 있다. 가족, 친구, 동료 그리고 길을 걷다가 마주치는 낯선 사람들까지 수많은 사람들이 우리 인생 안으로 들어왔다가 또 나가곤 한다. 인연은 언제 올지 예측할 수 없는 것처럼 떠나갈 때도 억지로 붙잡아둘 수 없다. 모든 만남과 헤어짐의 과정에는 웃음과 눈물이 있다. 그리고 이러한 인연은 우리 마음속에 깊든 얕든 반드시 흔적을 남긴다.

그렇다면 인연이란 무엇일까. 전생에서 닦은 도의 결과물이라고 말하는 이들도 있고 운명이라고 말하는 이들도 있다. 사실 인연은 나무 사이로 부는 바람이나 흘러가는 구름처럼 형태가 없고 자연적으로 생겼다 없어지며 손에 잡을 수도 없다. 다만 사람과 사람 사이, 사람과 사물 사이에는 모두 인연이 존재하며 만남과 헤어짐뿐만 아니라 인간의 생로병사(生老病死), 사물을 잃고 얻는 것 모두 인연이라고 말할 수 있다.

인연의 시작과 끝을 이해하지 못하는 사람은 인연 때문에 괴로워한다. 하지만 인연의 특성을 꿰뚫어보는 사람은 인연의 시작을 기쁘게 맞이하고 인연의 끝 또한 담담하게 받아들이며 미련을 두지 않는다. 『장자(莊子)』 외편 「지락(至樂)」에는 다음과 같은 이야기가 나온다.

> 장자의 아내가 죽자 혜자(惠子)가 조문을 갔다. 그런데 장자는 너무나 태연하게 물동이를 두들기며 노래를 부르고 있었다. 혜자가 장자에게 말했다.

"자네는 평생을 함께한 아내가 병들어 죽었는데 슬프지도 않은가? 눈물을 흘리고 있어도 모자랄 판에 노래를 부르고 있다니, 정말 너무하는군!"

이에 장자가 대답했다.

"나도 아내가 막 세상을 떠났을 때는 정말 슬펐다네. 하지만 가만히 생각해보니 아내는 태어나기 전에는 이 세상에 존재하지 않았고 형태도 기(氣)도 없었다네. 나중에 기가 생기고 기가 형체로 변해 생명이 생겼다가 죽음으로 바뀌게 되었으니 이는 사계절의 변화와 같은 것이라네. 죽은 아내는 이제 천지 사이에서 편히 쉴 테니 나도 울음을 그치기로 했다네."

장자의 이야기는 해탈의 경지에 이른 그의 인생관을 보여준다. 장자는 인간의 생사(生死) 역시 인연의 원리를 따른다는 것을 깨달았던 것이다. 앞서 언급했던 소동파의 시 '수조가두'에서처럼 사람과 사람의 만남은 영원할 수 없다.

사람의 일생은 달이 찼다가 기우는 것과 마찬가지로 끊임없이 만남과 헤어짐을 반복한다. 이 과정에서 인연의 본성을 깨닫는다면 현재 내가 맺고 있는 인연을 더욱 소중히 여기게 될 것이다. 인연이 다가올 때 기쁘게 맞이하고 떠나갈 때 자연스럽게 보내주는 것은 인생을 대하는 현명한 태도이자 평화로운 마음을 유지하는 비결이다.

인연을 따르는 것은 성숙한 사람만이 배울 수 있는 인생의 지혜이기도 하다. 주어진 인연을 따르는 사람은 살면서 맞닥뜨리는 인생의 파도에 여유롭게 대처하고 즐거운 마음으로 앞으로 나아가야 할 방향을 찾는다. 명(明)나라의 문학가 진계유(陳繼儒)는 인생의 여유로움에 대해 『소창유기(小窓幽記)』에서 "영화로움과 욕됨에 놀라지 않고, 한가로이 정원에 앉아 꽃이 피고 지는 것을 본다. 가고 머무름에 뜻을 두지 않고, 무심히 하늘 밖에 모이고 흩어지는 구름을 바라본다(龍辱不驚, 閒看庭前花開花落; 去留無意, 漫隨天外雲卷雲舒)."고 하였다.

이처럼 꽃이 피고 지고, 구름이 걷히고 다시 드리우는 것, 삶과 죽음, 만남과 헤어짐 모두 자연의 순리에 따른다. 그러니 모든 일을 인연에 따르고 편안한 마음으로 받아들여보자. 이해득실에 마음을 두지 않고 집착을 내려놓는 것이 차분한 마음으로 매일을 살아가는 지혜이다.

어린 시절은 인생에서 가장 즐거운 순간이다.
때 묻지 않은 순수한 동심은 세상 그 어떤 단어로도
표현할 수 없을 만큼 아름답다.
어린아이같이 천진난만한 마음을 가진 사람만이
진정한 즐거움을 이해하고 즐길 수 있다.

3장

다시 어린아이의 마음으로

사소한 것들로부터의 위로

아이의 눈으로
세상을 보다

누구나 행복하고 즐거운 인생을 살기 원한다. 그런데 행복이라는 것은 두루뭉술하고 멀게 느껴지는 반면 즐거움은 조금 더 구체적이고 가깝게 느껴진다. 무더운 여름날 시원한 아이스크림을 먹을 때, 종일 바쁘게 일하고 퇴근해 푹신한 소파에서 영화를 볼 때, 좋아하는 옷을 입고 외출한 날 누군가로부터 칭찬을 들을 때, 이른 아침 떠오르는 태양을 바라볼 때 등 즐거움을 느끼는 순간은 일상 속에 많다.

사람들은 저마다 즐거워하는 일들이 있다. 그러나 세월이 흐르고 나이를 먹을수록 단순하고 순수했던 즐거움은 점점 줄어들고 그 자리에는 한숨, 근심, 걱정 같은 우울한 정서가 깃든다. 그동안 우리를 환호하게 했던 즐거움은 더 이상 그 효력을 발휘하지 못한다.

왜 이런 일이 생기는 걸까? 세상이 점점 살기 힘들어져서일까 아니면 어른들의 세계는 원래 이렇게 괴롭고 재미가 없는 걸까? 사실은 세상이 변한 것이 아니라 우리 마음이 변한 것이다. 그리고 어른들의 세계가 원래 괴로운 것이 아니라 우리 마음이 즐거워하는 법을 잊은 것이다.

지금보다 더 많은 즐거움을 발견하고 느끼고 싶다면 가장 효과적인 방법은 동심을 유지하는 것이다. 아이들은 뭐든 잘 잊고 시시콜콜 따지지 않기 때문에 언제나 즐겁다. 또한 무슨 일이든 종일 마음에 담아두는 법이 없다. 아이들의 눈에 비친 세상은 온통 즐거운 일로 가득하다. 혹시 기분 나쁜 일이 생긴다 하더라도 금세 다른 것에 정신을 빼앗겨 그 전에 있었던 일은 모두 잊어버린다. 반면 어른들은 무슨 일이든 세세하게 따지려 들고 모두 마음에 담아두기 때문에 즐거움을 느끼기 어려운 것이다.

청청은 모 회사의 직원이다. 그는 평소 상사들의 보고서를 작성하는 일을 주로 했다. 어느 날 부장님이 월말 보고서를 작성해 다음 날까지 제출하라고 지시했다.

이런 일은 청청에게 식은 죽 먹기였기 때문에 그는 반나절 안에 다 끝낼 수 있을 것이라고 생각했다. 하지만 다른 팀에 자료를 받으러 갔을 때 그쪽 직원이 다른 일로 바빠 제때 자료를 찾아주지 않았다. 그는 한참을 기다리고 직원에게 몇 번씩 부탁한 후에야 겨우 자료를 받을 수 있었다. 청청은 슬슬 화가 나기 시작했다. 왠지 그 직원이 일부러 자신을 골탕 먹이고 있다는 기분이 들었고, 혹시 자신이 평소 다른 팀의 사람들을 귀찮게 한 적이 있는지까지 생각해봤다. 그는 밤늦게까지 회사에 남아 있었지만 이런저런 생각에 빠져 보고서 작성에 집중할 수가 없었다. 설상가상 다음날 보고서를 본 부장님이 허술하다며 한바탕 호통을 쳤다.

이 일로 청청은 더욱 우울해졌다. 원래는 아주 간단한 일이 다른 팀 직원 때문에 복잡해졌고 망가진 기분 때문에 보고서도 엉망으로 작성됐으니 말이다. 따지고 보니 모두 그 직원 때문인 것 같았다. 결국 그는 보고서라는 작은 일 때문에 일주일 내내 우울하게 보냈다.

살다 보면 내 마음에 들지 않는 일들도 생긴다. 그렇다고 이런 일들을 제때 마음에서 내려놓지 않거나 잊지 못한다면 하루하루 분노와 고민이 쌓여 정상적인 생활에 영향을 주고 청청처럼 아주 간단하고 쉬운 일조차 엉망으로 만들고 만다.

이럴 때는 아이들에게서 어른들이 배워야 한다. 아이들은 지금 이 순간을 즐기고 어떤 일에도 얽매이지 않는다. 어른들이 한참을 걸려 깨닫는 일을 아이들은 타고나는 것이다. 동심의 최대 장점은 놀 때는 신나게 놀고 고민은 금방 잊어버리는 것에 있다.

사실 따지고 보면 우리 주변에 나쁜 사람이 그렇게 많은 것도 아니고, 고약한 함정이 많은 것도 아니다. 대부분의 괴로운 일은 자기 자신이 만들어낸다. 인생의 즐거움은 번잡한 세상 속에서 얼마나 아이처럼 순수한 동심을 유지하느냐에 달렸다. 동심이 있다면 더욱 긍정적인 마음으로 실패와 좌절을 마주할 수 있다. 또한 이 세상에 얼마나 많은 아름다움과 사랑이 존재하는지 깨닫게 될 것이다.

아일랜드 출신의 영국 작가 아서 캐리(Arthur Cary)는 "많은 창작자들이 영감을 얻는 능력은 아이들의 마음과 다르지 않다."고 말했다. 예를 들어, 바다에 파도가 칠 때 어른들의 눈에는 혼탁하고 어지러운 물거품이 보인다면 아이들의 눈에는 파도의 아름다운 물결이 보인다는 것이다.

단순할수록
즐겁다

사람과 사람의 만남에 있어서 절대적으로 옳고 그른 것은 없다. 두 사람의 만남이 얼마나 즐겁고 유쾌할 수 있는지는 마음가짐과 태도에 달렸다. 당신이 마음을 열고 진심으로 상대를 대한다면 그 사람 역시 진심으로 다가올 것이다.

한 소년이 거리에서 폐품을 줍고 있었다. 소년은 지나가다가 어떤 청년이 편의점에서 음료수를 사서 나오는 것을 발견하고 음료 캔을 얻기 위해 다가갔다. 소년은 청년이 음료수를 다 마실 때까지 기다리며 조용히 뒤에서 따라갔다.
청년은 처음에는 소년에게 관심이 없다가 온갖 쓰레기가 담긴 자루를 들고 따라오는 것이 점점 거슬리기 시작했다. 청년은 멈춰 서서 소년을 돌아보며 일부러 아주 천천히 음료수를 마시기 시작했다. 소년이 언제까지 자신 앞에 버티고 서 있나 보기 위해서였다. 그때 소년이 해맑은 웃음을 지으며 말했다.

"아저씨, 천천히 마셔도 돼요. 제가 기다릴게요."

그러고는 근처 나무 밑으로 가서 앉은 뒤 자루에서 책을 꺼내 읽기 시작했다. 청년은 소년을 놀리는 게 재미있어서 더 천천히 음료수를 마셨다. 마침내 음료수를 다 마시고 아무데나 버리려는 순간, 소년이 달려와 자루를 열며 말했다.

"아저씨, 버리실 거면 저한테 주세요."

청년은 소년의 손에 초등학교 교과서가 들려 있는 것을 발견하고는 호기심에 물었다.

"혼자 공부하는 거니?"

소년이 웃으며 말했다.

"아니요. 전 여기 근처 초등학교에 다녀요. 오늘은 학교가 쉬는 날이라 엄마를 도와드리고 있는 거예요."

소년은 이어서 주머니에서 휴지를 꺼내 청년에게 주며 말했다.

"아저씨, 여기서 한 장 뽑아서 입 닦으세요."

순간 청년은 할 말을 잃었다. 자신을 놀린 청년에게 화가 날 법도 한데 소년은 오히려 휴지를 건넸으니 말이다. 게다가 손이 더러운 걸 알고 청년에게 직접 휴지를 뽑게 하지 않았는가! 청년은 너무나 부끄러웠다. 그는 하얗고 깨끗한 휴지를 차마 쓰지 못하고 오래오래 간직했다.

아이들의 마음은 이처럼 순수하고 귀엽다. 그들은 언제나 웃는 얼굴로 사람을 대하고 무슨 일을 하든 단순하게 생각한다. 또 상대방이 불친절하게 대해도 웃음을 잃지 않고 냉랭한 분위기를 풀어준다. 한편 성숙하다고 자부하는 어른들은 늘 복잡한 생각에 사로잡혀 있고 좀처럼 활짝 웃는 법이 없다. 우리는 왜, 언제부터 아이처럼 웃고, 단순하게 생각하는 법을 잊어버린 걸까?

아이들은 너그러움이 무엇인지 잘 모르면서도 그것을 자연스럽게 실천한다. 그리고 자신을 방어하는 법을 모르기 때문에 진심으로 믿고 따르며 상대의 신뢰를 이끌어낸다. 한편 동심이 없는 사람은 계산적이고 이해득실을 따지기 좋아하며 늘 근심과 걱정에 사로잡혀 있다. 게다가 다른 사람들을 쉽게 믿지 못해 어떤 일을 하든 마음속에 의심이 가득하고 즐겁지 않다.

단순할수록 즐겁다. 어른이라면 누구나 이 말의 뜻을 이해할 수는 있겠지만 모든 어른이 실천할 수 있는 것은 아니다. 하지만 아이들은 누구나 가능하다.

어떤 여자가 새집으로 이사를 갔다. 그런데 이사 간 첫날 밤 갑자기 정전이 됐다. 여자는 서둘러 이삿짐에서 양초를 꺼내 불을 붙이려고 했다. 그 순간 밖에서 문을 두드리는 소리가 들렸다. 문을 열자 옆집 남자 아이가 서 있었다. 그녀가 물었다.

"얘야, 무슨 일이니?"

아이가 말했다.

"혹시 집에 양초가 있나요?"

여자는 속으로 이렇게 생각했다.

'오늘 막 이사 온 사람에게 양초를 빌리러 오다니. 잘못하다가는 앞으로 귀찮아지겠는걸.'

그리고 아이에게 말했다.

"아줌마가 오늘 이사를 와서 양초가 하나도 없구나."

그러자 아이는 갑자기 뒤에 숨기고 있던 손을 여자에게 내보였다. 손에는 양초 두 자루가 들려 있었다.

"아줌마, 걱정 마세요. 없으실 거 같아서 제가 가져왔어요."

감동을 받은 여자는 한참 동안 말이 없다가 양초를 건네받고 말했다.

"정말 고맙구나."

아이는 단순히 도움을 주려던 것이었지만 여자는 아이를 의심하고 오해했다. 정전이 된 순간 이웃집 아이가 양초를 가져다줄 거라고는 전혀 생각하지 못했던 것이다. 그러나 만약 다른 어른이었어도 그녀처럼 행동했을 것이다. 그것이 어른들에게서 보이는 일반적인 심리이기 때문이다.

누구나 어렸을 때는 모든 일을 단순하게 생각하고 있는 그대로 받아들였다. 하지만 아이들의 순수한 마음이 나쁘게 이용될까봐 두려운 어른들은 '방어'하는 법을 가르쳤고 그때부터 생각과 의심이 많아지고 단순함과 즐거움은 줄어들었다.

현대인은 늘 피곤하다. 할 일이 많기 때문이기도 하지만 무엇보다 우리를 피곤하게 만드는 것은 바로 마음의 피로이다. 누군가를 대할 때마다 무슨 말을 할지, 어떻게 행동해야 할지 백 번도 넘게 생각하고 상대의 의도를 파악하느라 온 힘을 쏟아붓는데 어찌 피곤하지 않을 수 있겠는가?

누구에게나 동심은 있다. 다만 평소에 온갖 족쇄로 동심을 억압하고 애서 진지한 척하다 보니 어릴 적 순수했던 기억이 사라져버린 것이다. 이제부터라도 자신을 억압하지 않고 생각을 줄이며, 작은 일에도 감사하는 법을 배우면 새로운 시각으로 세상을 바라보게 되고 순수한 즐거움을 얻을 수 있다. 우리가 사라진 동심을 되찾고 열정적으로 인생을 살아간다면 즐거움은 언제나 우리 곁을 떠나지 않을 것이다.

내 안의 나와
마주하기

　세상을 살면서 우리는 끊임없이 누군가와 만나고 그 사람을 알아간다. 그러나 정작 가장 잘 알아야 할 자신에 대해서는 소홀한 경우가 많다. '나'는 인생에서 가장 좋은 친구인 동시에 가장 큰 적이기도 하다. 그러므로 먼저 해야 할 일은 자기 자신을 정확히 이해하는 것이다.

　자신이 무엇을 하고 싶은지, 무엇이 필요한지 잘 모르면 선택의 기로에 놓였을 때 정확한 판단을 할 수 없다. 이런 경우 불필요한 시행착오와 의미 없는 고민들로 시간을 낭비하게 되고 혼란에 빠지기 쉽다.

　사람들의 고민과 걱정은 대부분 자신을 잘 이해하지 못하기 때문에 생긴다. 자신이 얼마나 훌륭한 사람인지 모르면 타인의 부정적인 평가만 듣고 열등감을 느끼게 되고, 자신의 장점과 단점이 무엇인지 모르면 잘못된 선택을 하고 쓸데없는 일에 기력을 낭비하게 된다. 자신이 좋아하는 일이 무엇인지 모르는 사람은 부모 혹은 친구의 의견에 따라 직업이나 생활 방식을 선택하고 평생 무기력하게 산다. 자신의 마음을 이해하지 못하면 사랑하는 사람을 놓치고 평생 후회하며 살게 될지도 모른다. 자기 자신조차 제대로 이해하고 있지 못한 사람이 어떻게 다른 사람을 이해하고 세상을 이해한다고 말할 수 있겠는가!

깊은 산 속 어느 절에 노스님과 동자승이 살고 있었다. 노스님은 매일 불경을 외웠고 동자승은 장작을 패고 물을 길어 날랐다. 어느 날 동자승이 노스님에게 말했다.
"스승님, 저도 불경을 공부하고 싶습니다."
노스님은 아무 말도 없이 방으로 들어가 돌멩이 하나를 가져왔다.
"이 돌멩이를 가지고 산 아래에 시장으로 가서 팔아보거라. 하지만 누가 아무리 많은 돈을 준다고 해도 절대 팔아서는 안 된다."
동자승은 노스님의 뜻을 이해하지 못했지만 스승의 명령이었기 때문에 어쩔 수 없이 따랐다. 그는 돌멩이를 가지고 시장에 가서 종일 앉아 있었다. 드디어 해가 질 무렵 한 여자가 다가와 여섯 푼을 주며 돌멩이를 사겠다고 했다.
"모양이 참 독특하구나. 글을 쓸 때 문진으로 사용하라고 남편에게 선물해야겠어. 이 돌멩이를 내게 팔지 않겠니?"
아무것도 아닌 돌멩이 하나에 여섯 푼이면 손해 보는 장사는 아니었다. 하지만 동자승은 노스님의 명이 있었기 때문에 여자의 부탁을 거절했다. 그리고 돌멩이를 안고 절로 돌아가 노스님에게 시장에서 있었던 이야기를 들려줬다. 스님은 가만히 듣고 있다가 이렇게 물었다.

"이제 깨달았느냐?"

동자승이 되물었다.

"네? 무엇을 말인가요?"

노스님은 아무 말도 하지 않은 채 웃으며 방으로 들어갔다. 동자승은 할 수 없이 다시 장작을 패고 물을 길어 날랐다. 그렇게 시간이 지나고 한 달 후, 동자승은 노스님을 다시 찾아가 말했다.

"스승님, 이제 더 이상 장작을 패고 싶지 않아요. 공부를 하고 싶습니다."

노스님은 지난번과 마찬가지로 방에서 돌멩이를 가져와 말했다.

"이 돌멩이를 산 아래에 쌀가게에 가서 팔아보거라. 하지만 명심하렴. 이번에도 아무리 많은 돈을 줘도 절대 팔아서는 안 된다."

동자승은 답답했다. 팔라고 하고서 팔면 안 된다는 게 대체 무슨 말인가! 하지만 공부를 하기 위해 돌멩이를 쌀가게에 가져갔다. 주인은 돌멩이를 한참 살펴보더니 말했다.

"내가 지금 여유 있는 형편은 아니지만 은 오백 냥을 줄 테니 이 돌멩이를 내게 팔겠니?"

동자승이 깜짝 놀랐다. 고작 돌멩이 하나에 은 오백 냥이라니! 쌀가게 주인이 설명했다.

"이건 그냥 일반 돌멩이가 아니라 굉장히 귀한 화석이란다."

동자승이 급히 손을 저으며 말했다.

"이건 절대 팔 수 없어요."

동자승은 돌멩이를 품에 안고 절로 돌아가 스님에게 쌀가게에서 있었던 이야기를 들려줬다. 노스님이 동자승에게 물었다.

"이제 깨달았느냐?"

동자승은 고개를 저으며 말했다.

"아니요, 아직 아무것도 모르겠습니다······."

노스님은 말없이 웃으며 방으로 들어갔고 동자승은 어쩔 수 없이 다시 장작을 패고 물을 길어 날랐다. 그렇게 또 한 달이 지난 뒤 동자승은 다시 한 번 노스님께 공부를 하게 해달라고 부탁했다. 노스님은 이번에도 돌멩이를 가져와 말했다.

"이 돌멩이를 보석 가게에 가져가서 팔아보거라. 물론 정말로 팔아서는 안 된다."

동자승은 돌멩이를 보석 가게에 가져갔다. 보석 가게 주인은 돌멩이를 천천히 살펴보더니 이것저것 묻기 시작했다.

"이 돌멩이가 네 것이냐? 혹시 저 산속 절에 사는 동자승이니? 노스님께서 이걸 네게 팔라고 하신 거야?"

동자승은 주인의 물음에 모두 대답했다. 그러자 주인이 한숨을 쉬며 말했다.

"내가 이 돌멩이를 살 수 있을 만큼 큰돈이 있는 건 아니지만 대신 보석 가게 세 채와 전당포 하나 그리고 논밭이 조금 있단다. 전 재산을 모두 줄 테니 돌멩이를 내게 팔지 않겠니?"

동자승이 깜짝 놀라 땅에 주저앉으며 말했다.

"이 돌멩이가 그만큼 귀하단 말씀이세요?"

보석 가게 주인이 설명했다.

"이것은 일반 돌멩이처럼 보이지만 사실 이 안에는 값을 헤아릴 수 없을 만큼 귀한 보석이 숨어 있단다. 다만 딱딱한 돌이 겉을 둘러싸고 있어서 보이지 않는 것뿐이지."

그 순간 동자승은 노스님의 뜻을 이해했다. 노스님이 팔아서는 안 되는 돌멩이를 팔도록 한 것은 세상을 이해하려면 먼저 자신의 가치를 이해하고 내면에 있는 보석을 찾아야 한다는 것을 알려주기 위함이었다. 동자승은 돌멩이를 꼭 끌어안고 절에 돌아갔다. 그리고 노스님의 가르침에 따라 열심히 수행해 훌륭한 승려가 되었다.

인생을 차분하고 여유롭게 살기 위해서는 먼저 자기 자신을 이해해야 한다. 자신의 진실한 모습을 이해한다면 그에 맞는 길을 찾을 수 있고 오롯이 자신을 위한 삶을 살 수 있기 때문이다. 물론 이것은 하루아침에 되는 일은 아니다. 후스[胡適]는 중국의 시인이자 문학가이며 실용주의 철학자이다. 그는 여러 분야에서 성공을 거두었지만 한때 자신의 진짜 모습을 찾지 못해 방황했다.

1910년 후스는 미국 코넬대학교 농업학과에 입학했다. 그가 이 전공을 선택한 이유는 단지 농업대학교 학비가 무료였기 때문이다. 집안 형편이 여유롭지 않았던 그에게는 중요한 문제였다. 하지만 입

학한 지 얼마 되지 않아 후스는 자신이 농업에 전혀 흥미가 없다는 사실을 깨달았다. 그래서 아무리 해도 공부에 대한 의욕이 생기지 않았고 몇몇 과목에서는 크게 뒤처지기도 했다. 특히 수목학(樹木學)에서는 다른 미국 대학생들이 이삼십 분이면 풀 문제를 그는 몇 시간씩 머리를 싸매야 했다. 후스는 학업에 흥미를 잃어버렸고 자신의 능력에 대한 자신감도 잃었다.

결국 후스는 이 공부를 계속하는 것이 인생의 낭비라는 생각이 들었고 당초에 돈을 아끼기 위해 농업학과를 선택한 것이 큰 잘못이었음을 깨달았다. 이후 그는 자신이 철학, 문학, 사학에 관심이 더 많은 것을 발견하고 문과로 전과했고 평생 총 서른다섯 개의 박사 학위를 받았다.

만약 열심히 해도 특정 분야에서 두각을 나타내지 못한다면 그건 정말로 능력이 없기 때문이 아니라 그 분야에 흥미가 없어서일 수도 있다. 자기가 무엇을 좋아하고, 무엇을 잘하는지 아직 모르는 것이다. 흥미는 학습이나 일을 하는 데 가장 큰 동기가 된다. 흥미를 느끼지 못하고 좋아하지 않는 일을 하면 성공을 거두지도 못할 뿐더러 근심과 걱정만 늘어간다. 좋아해야 동기가 생기고 인내심을 갖고 노력할 수 있다. 또 그래야만 혹시 성공하지 못해도 다른 사람을 원망하거나 후회하지 않을 수 있다.

행복으로 가는 지름길

피곤하지 않게 사는 법은 아주 간단하다. 다른 사람의 시선을 의식하지 않고 그들이 뭐라 하든 신경 쓰지 않는 것이다. 인생은 짧고 사람의 능력과 힘은 제한되어 있기 때문에 모든 일을 완벽하게 해낼 수 없다. 그러므로 일도 사랑도, 중요한 결정을 내릴 때는 먼저 자신의 의향을 파악하고 능력을 가늠해본 뒤 선택하는 것이 좋다. 누구의 의견이든 만약 그것이 인생에서 가장 소중한 사람의 충고라 할지라도 참고만 해야 한다. 사람은 온전히 자신을 위한 인생을 살아야 한다. 절대로 다른 사람 때문에 자신의 의사에 어긋나는 일을 해서는 안 된다. 일은 일대로 망쳐버리고 자아를 잃어버리게 될 테니 말이다.

자기 자신을 이해하지 못하는 사람은 자아를 잃고 다른 사람을 부러워한다. 만약 사업에 소질이 없는 사람이 사업의 길로 뛰어들면 어떻게 될까? 또 연기에 소질이 없는 사람이 연예인이 되겠다고 나서면 어떻게 될까? 그것이 가족을 위한 일이든 스타들의 화려한 생활이 부러워서든 자신이 좋아하거나 잘하는 일이 아니라면 결과적으로는 인생을 낭비하는 것이다.

자신이 무슨 일을 하고 싶은지 정확하게 이해하고 있지 않으면 모든 선택의 기로에서 고민하게 되고 인생은 점점 피곤해진다. 영국의 철학자 프랜시스 베이컨(Francis Bacon)은 이런 말을 했다.

"자신의 길을 가라. 그리고 남들이 뭐라 하든 내버려 두어라."

다른 사람이 가는 길은 내 길이 아니고, 다른 사람의 물건은 내 것이 아니다. 자신을 똑바로 이해하고 맞는 자리를 찾는다면 길고 긴 인생 여정에서 흔들리지 않고 후회 없이 살 수 있을 것이다. 자아를 잃어버린 사람은 절대 특별해질 수 없다. 다음 실화가 이 사실을 증명해준다.

일본에 한 천재 서예가가 있었다. 불과 아홉 살에 청소년 서예대회에 참가해 전국을 떠들썩하게 했고 그의 작품들은 모두 고가에 개인수집가들에게 팔렸다. 당시 일본에서 가장 유명한 서예가는 그를 두고 앞으로 일본 서예계의 혜성으로 떠오를 것이라고 예상했다.

하지만 이십 년 후, 어린 시절에는 전혀 이름을 날리지 못한 사람들이 서서히 두각을 나타내는 반면, 그 천재 서예가는 더 이상 화젯거리가 되지 못하고 잊혔다. 2002년 그가 혜성처럼 떠오를 것이라고 예견했던 선배 서예가가 그를 찾아가 작품을 보고는 크게 탄식했다.

"우군이여, 당신은 도대체 얼마나 많은 신동을 망쳐놓았는가!"

'우군(右軍)'은 중국의 서예가 왕희지(王羲之)[1]를 가리킨다. 알고 보니 이 천재 서예가는 왕희지의 서체를 모방하는 것에 빠져서 이십 년 동안 서서히 자신의 서법을 모두 잊어버린 것이었다. 그의 작품들은 단순히 왕희지의 서체를 똑같이 베껴 쓴 것에 불과했고 그의 작품은 더 이상 예술품이 아닌 모조품일 뿐이었다.

뛰어난 천재가 다른 천재를 모방하다가 그저 그런 사람이 되어버렸다. 이 얼마나 안타까운 일인가. 동서고금을 막론하고 성공한 사람들은 모두 자신의 개성과 특색을 잘 살리고 유지했다. 반면 자아를 잃어버린 사람은 성공은 차치하고 평범하게 사는 것조차 어렵게 느낀다.

무성영화 시기의 유명한 희극 배우인 찰리 채플린(Charles Chaplin)은 자신의 본모습을 잘 지켜낸 사람 중 한 명이다. 그는 대영제국의 훈장을 수여하고 미국영화연구소(AFI)에서 선정한 '위대한 배우 백 인'에도 꼽힐 만큼 배우로서 큰 성공을 거두었지만, 그런 그도 영화인생 초기에는 좋은 평가를 받지 못했다. 한 영화감독은 그가 독일의 유명한 희극배우를 모방한다고 비난했고 그는 늘 다른 사람들의 그림자에 가려 인정을 받지 못했다. 채플린은 더 이상 남을 모방하지 않고 자신의 색깔을 찾아야겠다고 결심했고 결국 자신만의 독특한 연기 방식으로 큰 명성을 얻었다.

---

[1] '우군장군'이라는 벼슬을 해서 '왕우군'이라고도 불린다.

1970년대 미국을 풍미했던 가수 겸 영화배우인 진 오트리(Gene Autry)는 처음 가수 생활을 시작할 때 자신의 사투리를 감추기 위해 애써 도시 신사의 말투를 따라 했는데 오히려 사람들의 비웃음만 사고 말았다. 이후 그는 자신의 모습을 부정하기보다는 진실한 모습을 보여주는 것이 더 중요하다는 사실을 깨닫고, 자기만의 독특한 창법을 개발했다. 이후 그는 서부영화와 컨트리 음악 분야에서 큰 성공을 거두었다.

위의 두 가지 사례에서 보듯 개성은 사람에게 있어 무엇보다 중요하다. 어떤 상황에서도 자신의 진짜 모습을 외면하거나 포기해서는 안 된다. 언제든 하고 싶은 말을 하고, 하고 싶은 일을 할 수 있어야 한다. 그렇다면 우리는 어떻게 해야 참다운 나의 모습을 찾을 수 있을까?

미국의 한 대학교 연구진은 '상처 실험'이라는 심리 실험을 했다. 그들은 실험 참가자들에게 이 실험은 사람들이 신체부위, 특히 얼굴에 큰 흉터가 있는 사람을 만났을 때 어떻게 반응하는지를 알아보는 시험이라고 알려줬다.

전문 메이크업 아티스트들은 참가자들의 왼쪽 얼굴에 끔찍한 흉터를 그렸고 그 모습을 거울을 통해 확인하도록 했다. 그리고 거울을 모두 회수한 뒤 마지막으로 흉터가 지워지지 않도록 하는 파우더를 바르겠다고 말했다. 하지만 메이크업 아티스트들은 이때 파우더를 바르는 척하면서 몰래 얼굴에 그린 흉터를 깨끗이 지웠다. 그 사실을 몰랐던 참가자들은 각자 대기실로 가서 사람들이 얼굴에 흉터가 있는 사람들에 대해 어떻게 반응하는지 살펴보는 임무를 완수했다.

실험 종료 후 참가자들은 실험실로 돌아와 자신이 느낀 점을 이야기했다. 그들의 대답은 거의 비슷했다. 참가자들은 사람들이 예전보다 자신에게 무례하고 불친절해진 것 같고 모두 얼굴을 뚫어져라 쳐다본다고 말했다. 하지만 흉터는 이미 지워졌기 때문에 그들의 얼굴은 예전과 다를 바 없었다. 그들이 그렇게 느낀 까닭은 자아에 대한 잘못된 인식이 그들의 판단에 영향을 미쳤기 때문이다.

본인이 자신의 모습을 어떻게 바라보느냐에 따라 외부의 시선도 다르게 느껴진다. 서양의 격언 중에 이런 말이 있다. "사람은 자기 자신을 보는 방식대로 다른 사람을 본다." 온화한 사람은 다른 사람들도 평화롭게 바라보고, 자격지심에 사로잡힌 사람은 다른 사람들도 무시하고 깔본다. 선한 사람 눈에는 모두가 선해 보이고 악한 사람 눈에는 모두가 나빠 보이는 법이다. 그러므로 중요한 것은 자기 자신을 어떻게 바라보느냐이다. 당신이 어떤 사람이 되고 싶은지가 당신의 참모습을 만든다.

자신의 진짜 모습을 이해하고, 내 마음이 뭘 원하는지 안다면 인생의 목표는 확실해지고 더욱 자유롭게 인생을 즐기며 살 수 있을 것이다.

비교는 무의미하다

어느 날 저녁, 화원을 산책하던 한 정원사는 갑자기 깜짝 놀라고 말았다. 나무와 꽃들이 모두 울상을 짓고 있었기 때문이었다. 알고 보니 참나무는 소나무처럼 곧고 멋있지 않아서 불만이고 소나무는 포도나무처럼 열매를 많이 맺을 수 없다고 우울해했다. 오직 화원 구석에 있는 작은 꽃 한 송이만 생기 넘치는 자태로 석양을 바라보며 미소 짓고 있었다. 정원사가 꽃에게 물었다.

"너는 저 나무들에 비해 키도 작고 보잘것없는데 왜 아무 불만도 없니?"

작은 꽃이 웃으며 말했다.

"저는 참나무도 아니고 소나무도 아니고 그저 작은 꽃 한 송이인걸요. 저는 제가 꽃이라는 사실에 만족하고 행복해요."

작은 꽃송이의 대답에 정원사는 감탄했다.

우리는 다른 사람을 부러워하기보다는 현재 자신의 모습에 만족할 줄 알아야 한다. 작고 보잘것없는 꽃송이가 가장 생기 넘쳐 보일 수 있었던 이유는 즐거운 마음으로 자신의 모습을 받아들였기 때문이다. 자신을 다른 사람과 끊임없이 비교하며 열등감을 느낄 필요는 없다. 나는 이 세상에 유일무이하고 그 누구도 대신할 수 없는 특별한 존재라는 사실을 깨달아야 한다.

이야기 속의 참나무와 소나무처럼 산다면 인생은 너무나 불행할 것이다. 그들은 자신이 무엇을 가졌는지 모르고 남들이 가진 것만 부러워한다. 그래서는 늘 불만만 가득하고 우울해진다. 그런데 안타깝게도 많은 사람들이 참나무와 소나무처럼 다른 이와 비교하기를 좋아한다.

내 아내가 다른 여자들보다 예쁘고 상냥한지, 내 남편이 다른 남자보다 돈도 잘 벌고 자상한지, 우리 아이가 다른 아이보다 공부를 더 잘하는지, 우리 집이 다른 집보다 큰지, 내 사업이 다른 사람보다 더 크게 성공했는지, 내가 저 사람보다 더 뛰어난지 등등 비교는 끝이 없다. 하지만 이런 비교를 해봤자 뛰는 자 위에 나는 자가 있듯 언제나 나보다 잘난 사람은 있기 마련이고, 남과 비교하다 보면 화병(火病)만 생길 뿐이다.

이 세상은 본래 다양한 것들로 이루어져 있다. 높은 것이 있으면 낮은 것도 있고, 많은 것이 있으면 적은 것도 있다. 그러므로 나와 다른 사람을 비교하는 것은 매우 어리석은 짓이다. 게다가 남들보다 예쁘고 똑똑해지는 것이 인생의 목표가 될 수는 없지 않겠는가. 진정한 의미의 성공은 다른 사람을 넘어서는 것이 아니라 자신의 한계를 넘어서는 것이다.

1972년, 싱가포르 관광청에서 보낸 보고서가 리콴유(李光耀) 총리에게 도착했다. 보고서의 내용은 대략 이러했다. 중국에는 만리장성과 진시황의 병마용이 있으며, 이집트에는 피라미드가 있고 일본에는 후지산이 있는데 싱가포르에는 이렇다 할 관광명소도 없고 일 년 내내 뜨거운 햇볕만 내리쬐니 관광산업은 발전하기 어렵다는 것이었다. 당시 리콴유 총리는 보고서 뒤에 이렇게 써서 돌려보냈다.

'하늘이 우리에게 얼마나 많은 것을 주었는지 아시오? 뜨거운 햇볕. 우리는 그것으로 충분합니다.'

관광청 직원들은 리콴유의 회신을 받고서 이내 그의 뜻을 알아차렸다. 바로 싱가포르가 가진 최대 장점, 즉 햇볕을 충분히 활용하라는 의미였다. 이후 싱가포르는 연중 뜨겁게 내리쬐는 햇볕을 이용해 각종 나무와 꽃을 가꿨고 세계에서 가장 아름다운 원예국가이자 아시아에서 관광수입이 세 번째로 많은 나라가 되었다.

싱가포르 관광청 직원들은 당초 비교의 함정에 빠졌다. 다른 나라가 가진 이점만 봤을 뿐, 자국에 어떤 강점이 있는지 깨닫지 못한 것이다. 하지만 이들의 사례에서도 보았듯이 부족한 점이 많아도 자신의 강점을 십분 발휘한다면 반드시 성공할 수 있다.

　하늘이 내게 얼마나 많은 재능과 부를 내려줬는지, 만약 세상의 아름다운 것들이 모두 내 소유라면 과연 행복할 수 있을지, 돈이 아주 많고 성공한 사람들은 정말 아쉽거나 부족한 것이 없을지 살면서 한 번은 생각해봐야 한다. 사람들은 저마다 다른 인생을 살아간다. 하지만 세상의 모든 것을 손에 넣고 완벽하게 살아가는 사람은 아무도 없다. 내게 없는 것을 가진 사람을 부러워하고 질투하는 동안 다른 사람은 내가 가진 것을 부러워하고 나를 우상처럼 생각하고 있을지도 모른다.

자신감이 '참다운 나'를 완성시킨다

　다른 사람과의 비교는 삶의 동기를 심어주고 더 잘할 수 있도록 격려한다는 차원에서 긍정적으로 볼 수도 있지만 정도가 지나칠 경우 온전한 사고를 방해하고 부정적인 영향을 준다. 나보다 못한 상대와 비교할 경우라면 건전하지 못한 자기만족이 생겨 더 이상 노력하지 않고 현실에 안주하게 된다. 반면 나보다 잘난 상대와 비교할 경우 현재 내가 가진 것에 만족하지 못하고 열등감에 사로잡히거나 우울해진다. 이처럼 남과 지나치게 비교해서 얻어지는 결과는 단 하나도 나를 즐겁게 해주지 못한다.

　인생에서 가장 뛰어넘기 힘든 존재는 위인이나 우상이 아닌 바로 자기 자신이다. 그러니 다른 사람들이 어떻게 사는지 관심을 갖기보다는 나 자신의 모습을 살펴보고 장점을 찾아내 활용해야 한다.

한 시인이 있었다. 그는 자신이 쓴 시를 사람들이 아무도 읽지 않아 걱정이었다. 그래서 스님을 찾아가 도움을 요청했다. 스님은 웃으며 창 밖에 있는 꽃을 가리키며 말했다.

"저 밖에 보이는 꽃이 뭔지 아십니까?"

시인이 창밖을 한 번 바라보고는 의아한 표정으로 대답했다.

"달맞이꽃으로 보입니다만……."

스님이 고개를 끄덕이며 말했다.

"그렇습니다. 밤에만 꽃을 피우기 때문에 달맞이꽃이라고 부르죠. 그런데 왜 다른 꽃들처럼 낮에 안 피고 밤에 피는지 아십니까?"

시인은 고개를 가로저었다.

"밤에 피면 아무도 꽃을 보는 사람이 없습니다. 하지만 그래도 달맞이꽃은 즐겁게 꽃을 피웁니다. 단순히 자신을 즐겁게 하기 위해서죠."

시인이 놀라며 말했다.

"자신을 즐겁게 한다고요?"

"낮에 피는 꽃들은 사람들의 주목을 끌고 칭찬을 받습니다. 하지만 달맞이꽃은 아무도 꽃을 감상하지 않는 상황에서도 자신의 향기와 즐거움을 마음껏 피워내죠. 이것이 진정으로 자신을 위해 사는 것입니다."

시인은 그제야 조금 이해할 수 있었다. 스님이 이어 말했다.

"많은 사람들이 남에게 보여주기 위해 어떤 일을 합니다. 그들에게 인정받고 칭찬을 들어야 즐거움을 느끼죠. 하지만 그건 내 즐거움을 남들이 결정하도록 만드는 것입니다. 다른 사람에 의해서가 아니라 스스로 즐거움을 느낄 수 있다면 의도하지 않아도 남들에게 좋은 영향을 줄 수 있습니다. 달맞이꽃은 아무도 보지 않는 밤에 피지만 사람들은 그 꽃향기를 맡으며 잠이 드는 것과 마찬가지죠."

내 인생은 온전히 나의 것이고 매일 나를 위해 살아야 한다. 다른 사람들이 어떻게 살고 그들이 나를 어떻게 바라보는지는 중요하지 않다. 사람마다 주어진 능력이나 운이 다르다. 그러므로 인생의 성공과 실패를 따지기보다는 자기 자신에게 얼마나 충실했는지가 중요하다. 남들과 비교하지 않고 오로지 자신의 인생에 최선을 다하고 즐긴다면 그 사람은 늘 당당하고 자신감이 넘칠 것이다.

다른 사람의 시선을 신경 쓰지 말고 다른 사람의 평가를 통해 자신의 가치를 발견하려고 해서도 안 된다. 나에게 어떤 재능이 있고, 어떤 행복을 누리고 있는지는 자기 자신이 가장 명확하게 알고 있다. 남들과 비교하는 것은 불필요한 걱정만 만들 뿐이다. 다른 사람을 신경 쓰는 시간이 많아질수록 자신에게 집중하는 시간은 줄어든다. 굳이 비교를 하고 싶다면 자기 자신과 비교하라. 오늘의 내가 어제보다 얼마나 더 성장했는지, 내일의 삶이 오늘보다 얼마나 더 근사해질 수 있을지 말이다.

다른 사람들의 관심에 목매지 않고 인생을 즐기며 자신만의 향기를 내뿜는 사람들이야말로 온전히 자기 자신을 위해 사는 이들이다.

자신을 잘 이해하고 스스로에게 충실한 것은 사업적인 성공뿐만 아니라 아름다운 사랑을 얻기 위한 비결이기도 하다.

어느 마을에 행복한 부부가 살고 있었다. 남편은 키가 훤칠하고 잘생겼으며 성공한 사업가였다. 반면 아내는 키가 작고 뚱뚱했으며 초등학교밖에 졸업하지 못한 여자였다. 그럼에도 불구하고 두 사람은 서로를 진심으로 사랑했다. 남편은 일이 끝나면 곧장 집에 돌아갈 정도로 아내에게 언제나 자상하고 다정다감했다. 아내는 직장에 다니지 않았고 외출도 자주 하는 편이 아니었지만 어쩌다 길에서 이웃들을 마주치면 그녀는 세상에서 가장 행복한 미소를 지어 보였다.

마을 여자들은 보잘것없는 그녀가 최고의 남편을 만났다며 모두들 부러워하고 질투했다. 하지만 부부를 잘 아는 친구들은 이들의 행복이 단순히 자상하고 능력 있는 남편 때문만은 아니라는 사실을 알고 있었다. 아내는 예쁘지도 않고 학력이 좋은 것도 아니었지만 언제나 남편을 존경하고 살뜰히 내조했으며 집안일에도 소홀함이 없었다. 남편은 그녀의 외모가 아닌 순수하고 선량한 마음씨를 사랑했던 것이다.

이야기를 좀 더 깊게 들여다보면, 아내에게서 정말로 배워야 할 점은 그녀의 순수하고 선량한 마음씨만이 아니다. 바로 자신감이다. 아내는 외모가 출중하지도 않고 학력도 낮았지만 다른 사람과 비교하지 않았고 자기 자신을 믿었다. 만약 그녀가 줄곧 다른 여자들과 자신을 비교했다면 어땠을까? 그녀는 자신의 처지에 열등감을 느끼고 질투와 불안감에 사로잡혔을 것이다. 또 남편이 바람을 피우지는 않을지, 자신을 버리지는 않을지 고민하며 점점 더 우울하고 불행해졌을 것이다. 이는 자신의 행복을 스스로 깨트리는 것밖에 되지 않는다.

누군가를 사랑할 때 가장 중요한 것은 외모가 아니다. 자신에게 충실하고 진실한 모습을 보여주는 상대방의 마음이다. 공주가 아닌데 억지로 공주인 척할 필요는 없다. 소박하고 진실한 마음만 있다면 신데렐라처럼 행운의 여신이 언젠가 당신을 찾아올지도 모르니 말이다.

모든 사람에게는 각자 주어진 능력이 있다. 그 능력을 가꾸고 더욱 빛나게 하는 것이 행복해지는 방법이다. 스스로 가장 마음에 들고 자신 있는 모습을 보여줄 수 있다면 사업에 있어서든 사랑에 있어서든 최후의 승자가 될 수 있다.

어쩌면 우리는 지금 길을 잃고 진정한 자아를 찾기 위해 방황하고 있는 건지도 모른다. 하지만 걱정하지 말자. 인생에서 방황은 반드시 필요한 과정이다. 무협소설을 보면 수년간 열심히 수련한 소년들은 강호를 떠돌며 끊임없이 대결 상대를 찾는다. 이들은 대결을 이겨서 자신의 능력을 증명하고, 패배를 통해 부족한 점을 채워가며 자신의 실력을 정확히 파악하려고 노력한다. 그리고 더 이상 대결이 필요 없는 무예의 고수로 성장한다. 자신이 얼마만큼의 실력을 가졌는지 누구보다 잘 알고 있다면 다른 사람의 평가는 더 이상 중요하지 않다. 이런 패기는 자신감에서 오는 것이고, 자신감은 바로 자기 자신을 정확하게 이해하는 것에서 비롯한다. 인생은 어찌 보면 수행의 연속이다. 그리고 이런 수행의 목적은 '참다운 나'를 완성시키는 데 있다.

나만의 향기를
찾아서

"한 자의 길이도 짧을 때가 있고, 한 치의 길이도 길 때가 있다(尺有
所短 寸有所長)."[2] 성공한 사람에게도 아쉬운 부분이 있듯이 아무리 보잘 것없는 사람도 하나쯤은 잘하는 일이 있다. 그러므로 다른 사람의 능력과 성공을 부러워하기보다 자신이 잘하는 일을 찾아 발전시키는 편이 훨씬 바람직하다. 그렇게 할 수만 있다면 우리가 꿈꾸는 삶은 현실이 될 수 있지만 그렇지 않은 경우 평생 열등감에 사로잡혀 방황할 것이다. 무엇보다 중요한 점은 자기 자신을 믿는 것이다. 그래야만 내 안에 숨겨진 능력을 찾을 수 있고 성공에 더 가까이 다가설 수 있다.

---

2   물건은 쓰는 용도에 따라 가치가 있을 수도 있고 없을 수도 있다는 뜻. '척단촌장(尺短寸長)'이라고도 한다. 중국 초(楚)나라의 굴원(屈原)이 지은 『초사(楚辭)』 「복거(卜居)」편에서 유래했다.

검술 실력이 뛰어나고 명성이 드높은 무사가 하루는 스님을 만나러 갔다. 무사는 아주 거만한 자세로 득의양양하게 절로 들어갔다. 그런데 훤칠하고 잘생겼을 뿐만 아니라 행동거지가 고상한 스님을 만나자 갑자기 자신이 초라하게 느껴졌다. 그는 스님에게 자신의 심정을 얘기했다.

"이곳에 들어오기 전 저는 자신감이 아주 넘쳤습니다. 그런데 스님을 뵙자 갑자기 제가 너무 초라하게 느껴졌습니다. 도대체 무엇 때문일까요?"

스님이 대답했다.

"잠시 기다려보세요. 이곳에 있는 사람들이 모두 떠나면 그 답을 알려드리죠."

하지만 절은 온종일 사람들로 붐볐고 스님은 그들을 맞이하느라 바빴다. 무사는 점점 초조하고 불안해졌다. 저녁이 되어서 사람들이 모두 떠나자 무사가 다급히 스님에게 다가가 물었다.

"스님, 이제 답을 말씀해주시겠습니까?"

스님이 웃으며 말했다.

"저를 따라와 보시지요."

스님은 무사를 데리고 정원으로 나와 나무들을 가리키며 말했다.

"저 나무들을 좀 보세요. 하늘 높이 우뚝 솟아 있죠. 그런데 저기 옆에 있는 나무는 키가 다른 나무들에 절반도 안 돼요. 이 나무들은 여기서 난 지 몇 년이 지났지만 아무 문제없이 잘 자라고 있습니다. 저는 한 번도 작은 나무가 큰 나무에게 '너 때문에 내가 초라하게 느껴져.'라고 하는 걸 들은 적이 없어요. 이렇게 차이가 많이 나는데, 왜 아무 불만도 없는 걸까요?"

무사가 당연한 듯 대답했다.

"그야 나무들은 비교할 줄 모르니까요."

무사의 말을 들은 스님이 지긋이 웃으며 말했다.

"그럼 이제 답을 찾은 것 같네요."

열등감의 원인은 다름 아닌 '비교'에 있다. 우리 주변에는 이야기 속 무사처럼 남과 비교하기 좋아하는 사람들이 많다. 다른 사람이 나보다 못하면 우쭐해하고 반대로 나보다 잘났으면 의기소침하고 자격지심이 생긴다. 자신의 단점을 다른 사람의 장점과 비교하는 사람들도 있다. 결과는 어떻겠는가? 보나마나 크게 실망할 뿐이다.

무엇 때문에 일부러 자신을 괴롭게 하는가? 무사의 명성은 그의 능력을 충분히 증명해준다. 게다가 아무리 훌륭한 스님이라고 해도 무예에 있어서만큼은 무사보다 뛰어나지 못할 것이다. 그런데도 그는 괜한 비교로 소중한 하루를 그냥 보내버렸다. 그렇지 않았다면 스님에게 더 많은 인생의 지혜를 배울 수도 있었을 텐데 말이다.

옛날, 원대한 꿈을 가진 한 젊은이가 있었다. 그런데 몇 번의 실패를 경험하자 자신감을 잃기 시작했고 열등감에 사로잡혀 자신이 절대로 성공할 수 없다고 생각했다. 그는 현자를 찾아가 성공의 비법을 가르쳐달라고 부탁했다.

"다른 사람들은 열심히 노력하면 성공하는데 왜 저는 아무리 노력해도 계속 실패하는 걸까요?"

그러자 현자가 웃으며 물었다.

"만약 내가 '향기'라는 두 글자를 말한다면 자네는 무엇을 떠올리겠는가?"

젊은이는 잠시 생각하고는 대답했다.

"케이크요. 예전에 제과점을 운영한 적 있거든요. 지금은 문을 닫았지만 아직도 그 달콤한 케이크 향기는 잊을 수가 없어요."

현자는 고개를 끄덕이더니 젊은이를 데리고 동물학자를 만나러 갔다. 현자는 그에게도 똑같은 질문을 했고 동물학자가 대답했다.

"제가 지금 연구하고 있는 주제가 떠오르네요. 바로 자기만의 특이한 향기를 내뿜어 사냥감을 유인하는 아주 기이한 동물들입니다."

그들은 다시 화가와 외국에서 이제 막 돌아온 성공한 기업가를 만나러 갔다.

화가의 대답은 이랬다.

"풍경이 아름다운 교외나 춤을 추고 있는 아리따운 소녀가 떠오르네요. 향기는 언제나 제게 창작의 영감을 준답니다."

성공한 기업가는 이렇게 대답했다.

"저는 고향의 흙냄새가 떠오릅니다. 외국에 있는 동안 늘 집이 그리웠거든요."

기업가와 헤어지고 나서 현자가 젊은이에게 말했다.

"방금 자네가 만나본 사람들은 모두 자기 분야에서 성공한 사람들일세. 그런데 '향기'라는 단어를 들었을 때 그들의 생각이 모두 같았는가?"

젊은이가 고개를 가로저었다. 아직 현자가 말하고자 하는 뜻을 이해하지 못한 눈치였다. 현자가 말했다.

"모든 사람은 자신만의 향기를 지니고 있다네. 자네도 마찬가지지. 그런데 왜 자네가 다른 사람보다 뛰어나지 못하는지 아는가? 그건 자네가 다른 사람들은 어떤 향기가 나고 어떤 향기를 좋아하는지에만 집중하느라 정작 자신에게서 나는 향기는 소홀히 대했기 때문이라네."

누구나 각자 자신만의 향기가 있다. 그러므로 다른 사람들은 어떤 향기가 있는지 신경 쓰기보다는 자신에게 어떤 향기가 나는지 살펴보고, 그것을 발휘하는 것이 훨씬 중요하다. 사업에서 성공하고 행복을 누릴 수 있는 사람도 다른 이들의 성공과 비교하다 보면 열등감을 느끼고 점점 자신감을 잃어 결국 불만족스러운 인생을 살게 된다. 이 모든 것을 변화시킬 수 있는 유일한 방법은 바로 자신감을 회복하는 것이다.

옛날, 중국의 동쪽 초원에 홍마(紅馬) 무리가 살고 있었다. 동쪽 초원은 지리적 조건과 기후가 좋지 않아 굉장히 살기 힘든 곳이었다. 홍마들에게는 간절한 소원이 하나 있는데 바로 따뜻한 서쪽 초원에 가서 사는 것이다. 하지만 길이 워낙 멀고 험난해서 수년간 서쪽 초원에 성공적으로 도착한 홍마는 한 마리도 없었다. 이 사실을 알게 된 산신은 홍마들을 도와주기로 했다. 그는 아주 건장하고 젊은 홍마에게 이렇게 말했다.

"내가 서쪽 초원으로 갈 수 있게 도와주마. 여기 비단 주머니가 있단다. 이것을 지니고 가다가 큰 어려움을 만났을 때 열어보면 내가 나타나 도와줄 것이다. 하지만 명심하렴. 이 주머니는 단 한 번만 열 수 있다는 걸 말이다."

홍마는 서쪽으로 가는 길에 많은 어려움을 만났지만 비단 주머니를 떠올리자 자신감이 생겨 계속 전진할 수 있었다. 때로는 너무 힘들어 주머니를 열고 싶었지만 단 한 번만 사용할 수 있다는 생각에 이를 악물고 견디었다.

그렇게 해서 홍마는 사나운 늑대의 공격도 이겨내고 큰 강을 건너 마침내 꿈에 그리던 서쪽 초원에 도착했다. 그때 갑자기 비단 주머니가 생각났다. 홍마는 정말로 산신이 나타나는지 궁금해 주머니를 열었지만 한참을 기다려도 나타나지 않았다. 어떻게 된 일인지 궁금해진 홍마는 다시 동쪽 초원으로 돌아가 산신을 찾아갔다. 산신이 말했다.

"사실 너희들은 내가 도와주지 않아도 모두 서쪽 초원으로 갈 수 있는 능력이 있단다. 다만 자신감이 부족했던 것이지. 나는 그 비단 주머니에 자신감을 불어넣어줬을 뿐이란다."

홍마는 그제야 산신의 뜻을 알아차렸다. 그 이후 홍마들은 모두 순조롭게 서쪽 초원으로 건너가 행복하게 살았다.

이것이 바로 자신감의 힘이다. 자신감은 나를 바꾸고 나의 운명도 바꾼다. 그리고 꿈꾸던 현실이 결코 멀리 있지 않다는 사실도 깨닫게 해준다. 스스로가 초라하게 느껴지고 열등감이 생기더라도 당황하거나 초조해할 필요는 없다. 중요한 건 그것을 이겨내고 초월할 수 있다는 믿음이다. 열등감을 해소하는 효과적인 방법은 바로 자신을 믿는 마음, 즉 자신감을 갖는 것이다. 내가 최고이며 잘할 수 있다고, 다른 사람과 비교하지 말라고 스스로에게 끊임없이 되뇌며 자신감을 채워간다면 마음이 안정되고 어떤 일이든 문제없이 해낼 수 있다.

단순하게 사는 것도
능력이다

　　단순한 삶은 더 많은 행복을 느끼게 해준다. 아이들이 늘 즐거운 이유는 단순하기 때문이다. 아이들은 무슨 일이든 복잡하게 생각하지 않고 속상한 일이 생겨도 금방 잊어버린다. 하지만 어른이 되면 즐거운 일이 점점 줄어든다. 어린 시절보다 인생이 더 복잡해져서 그렇기도 하지만 무엇보다 어른이 되고 나선 생각이 많아졌기 때문이다. 어른들은 복잡한 생각을 단순화하기는커녕 단순한 일을 복잡하게 만드는 능력 아닌 능력이 있다. 단순화시키는 기술은 생각보다 큰 힘이 있으며 우리 삶을 완전히 새로운 경지로 이끌어줄 것이다.

　　브룩이라는 한 여성이 남편과 함께 미국으로 이민을 왔다. 당시 그들에게는 아이가 셋 있었고 부부 둘 다 안정적인 직장에 다니며 행복하게 살고 있었다. 그러나 행복은 그리 오래 가지 못했다. 남편이 여행 중에 천식으로 갑자기 세상을 떠나면서 브룩 혼자 가정을 책임져야 했던 것이다. 회사에서는 그녀가 아이들을 돌볼 수 있도록 업무가 비교적 수월한 부서로 옮겨주겠다고 제안했다. 하지만 그녀는 회사의 배려를 정중히 거절했다.

십 년 후, 놀랍게도 그녀는 매출액이 백억 달러가 넘는 대형 벤처기업의 대표가 되었다. 그녀는 자신에게 닥친 불행 때문에 좌절하지 않았고 세 아이를 키우면서 회사일도 거뜬히 해냈다.

브룩은 자신이 한 일이라고는 복잡한 일, 특히 엄마로서의 역할을 최대한 단순화시킨 것밖에 없다고 말했다. 일과 가정을 모두 완벽히 챙기려면 영원히 시간이 부족할 수밖에 없다는 사실을 알았기 때문에 사소한 일은 과감히 포기하고 더 큰 일들을 처리하는 데 자신의 시간과 노력을 들였다.

그녀는 시간제 아르바이트생을 고용해 집안 청소를 해결했고 아이들의 등교와 저녁식사는 베이비시터에게 맡겼다. 아이들이 필요한 학용품 등을 메모해두면 시간이 날 때 사거나 대학생 아르바이트를 고용해 부탁했다. 일을 할 때 그녀는 동료나 후배 직원에게 도움을 요청하는 것을 주저하지 않았고 하루 일과의 우선순위를 정해 정시에 퇴근할 수 있도록 했다. 또한 다른 사람에게 일을 맡김으로써 더 많은 시간을 벌고 다양한 사람들과 인연을 맺을 수 있었다.

"물론 제가 직접 모든 일을 했다면 더 만족스러웠겠죠. 하지만 그렇게 생각하면 절대 남에게 일을 맡길 수 없습니다. 다른 사람에게 어떤 일을 위임하려면 그가 나와 생각이 다를 수도 있다는 것을 받아들여야 하죠."

브룩은 세 아이들을 데리고 여행을 가는 일도 마다하지 않았다. 혼자서 아이 셋을 데리고 여행을 간다는 건 여간 번거롭지 않다. 하지만 그녀는 그런 번거로움 때문에 아이들과 보내는 즐거운 휴가를 포기하지 않았다. 대신 여러 곳을 다니기보다 한 지역에서 며칠씩 머물며 캠핑도 하고 썰매도 타며 보냈다. 그러면 무거운 짐을 들고 이리저리 옮겨 다니지 않아도 되고 한 곳에서 즐겁게 보낼 수 있었다. 직장 여성이자 싱글맘이었던 브룩은 모진 운명 앞에서도 좌절하지 않고 지혜롭게 문제를 처리함으로써 아이들과 집안일에도 소홀하지 않고 사업에서도 큰 성공을 거둘 수 있었다.

자신에게 닥친 불행을 이겨낸 브룩의 용기도 대단하지만 더욱 대단한 것은 그녀가 일상의 일들을 처리하는 지혜로움에 있다. 혼자서 아이 셋을 키우면서 일을 하라 하면 대부분의 사람이 손사래를 칠 것이다. 하지만 브룩은 이 모든 일을 감당하면서도 여유와 웃음을 잃지 않았다. 그녀의 비결은 간단했다. 바로 모든 일을 단순하게 생각하는 것이다.

물론 모든 사람이 그녀처럼 인생에 우여곡절이 많은 것은 아니다. 하지만 누구든 일을 하고 가정을 꾸리려면 크고 작은 어려움이 있기 마련이다. 이럴 때 우리에게 가장 필요한 것은 이러한 어려움을 단순화시키는 지혜이다.

오늘을 살아라

오늘을 사는 가장 간단한 방법은 지금 이 순간의 감정에 충실한 것이다. 어린아이들은 놀 때는 신나게 놀고 웃을 때는 마음껏 웃으며 울 때도 남의 시선 따위는 신경 쓰지 않는다. 또 어제의 일 때문에 괴로워하지 않고 내일 일어날 일도 걱정하지 않는다. 아이들은 지금 이 순간을 살기 때문에 언제나 즐겁다.

안타깝게도 어른이 되고 나이를 먹을수록 이런 지혜를 잃어버린다. 어른들은 언제나 바쁘고 허둥대며 마음속에는 욕망과 걱정이 가득하다. 몸은 여기 있지만 마음은 떠 있을 때가 많다. 그러다 보면 신나게 놀아야 할 때는 회사 업무를 걱정하고 업무를 할 때는 집안일을 걱정한다. 음식을 먹을 때 그 맛을 음미하지 못하고, 잠을 잘 때도 숙면을 취하지 못하며 지금 이 순간 마땅히 누려야 할 기쁨을 즐기지 못한다.

시간은 계속 흐르고 있다. 그런데 왜 이미 지나간 일과 불확실한 미래 때문에 소중한 오늘을 흘려보내는가? 현재 내게 주어진 시간에 과거를 회상하거나 온갖 공상에 빠져 있다면 스스로 오늘 누려야 할 즐거움을 쫓아내는 격이다.

물론 오늘을 산다는 것이 과거를 완전히 잊어버리라거나 아무런 계획 없이 살라는 의미는 아니다. 다만 이미 일어나버린 일을 후회하거나 내일에 대한 공상으로 시간을 허비하지 말라는 뜻이다. 만약 어제 뭔가 기분 나쁜 일이 있었는데, 오늘까지 속상해하고 있다면 지금 이 순간을 살지 못하는 것이다. 또 자신의 현실은 고려하지 않고 무작정 '만약'에 의지해 공상에 빠져 있는 사람 역시 오늘을 사는 것이 아니다. 과거에 일어난 일에 집착하지 않고 일어나지도 않은 일에 대해 미리 걱정하지 않는 것이 진짜 '오늘을 살아가는 자세'이다. 이런 태도로 하루하루 살아간다면 더욱 아름다운 미래를 만들어나갈 수 있을 것이다.

원숭이 한 쌍이 나무 위에 앉아 석양을 바라보고 있었다. 잠시 후 암컷 원숭이가 수컷 원숭이에게 물었다.
"여보, 태양이 지평선에 닿을 때 왜 하늘색이 변하는 걸까요?"
수컷 원숭이가 대답했다.
"모든 현상을 다 이해하려고 들면 인생이 피곤해져요. 조용히 하고 아름다운 석양이나 감상합시다."
암컷 원숭이는 남편의 대답에 입을 삐죽거렸다. 잠시 후 지네 한 마리가 나무 위로 기어 올라왔다. 수컷 원숭이가 지네에게 물었다.

"당신은 그 많은 다리를 어떻게 다 조종해서 기어다니는 거요?"

지네가 대답했다.

"글쎄요. 한 번도 생각해본 적 없는데요."

"내 아내가 몹시 궁금해하니 지금부터 한번 생각해보시오."

지네가 자신의 다리를 쳐다보며 말했다.

"글쎄요. 먼저 이 다리를 이렇게 움직이고…… 아니다, 먼저 몸을 저 방향으로 튼 뒤에……."

삼십 분이 흘렀지만 지네는 여전히 자신이 어떻게 다리를 움직이는지 정확히 설명하지 못했다. 암컷 원숭이도 이해할 수 없기는 마찬가지였다. 결국 지네는 포기하고 가던 길을 가려고 했다. 그런데 그 순간, 지네는 자신이 그동안 어떻게 기어다녔는지 기억나지 않았다. 지네가 절망하며 말했다.

"당신들한테 쓸데없는 설명을 하다가 내가 어떻게 기어다니는지 까먹었잖소!"

그때 수컷 원숭이가 암컷 원숭이에게 말했다.

"모든 것을 다 이해하려고 하면 어떻게 되는지 이제 알겠소? 자, 이제 다시 조용히 석양을 감상합시다."

살면서 모든 일을 자세히 이해하려고 하면 현재의 즐거움을 놓치게 된다. 끝까지 캐묻고 따지는 자세는 학술 연구자라면 좋겠지만 일상생활에는 도움이 되지 않는다. 『일체루경(一切漏經)』[3]에서는 나는 과거에 누구였고, 어떤 사람이었는지 또 앞으로는 어떻게 살게 되고, 어떤 사람이 될 것인지에 대한 생각들이 우리를 괴롭게 만든다고 말한다.

결론적으로 오늘을 살아가는 데 방해가 되는 것은 다름 아닌 우리의 '생각'이라는 뜻이다. 이런 생각을 떨쳐버리는 데 도움이 될 만한 방법이 두 가지 있다. 첫 번째는 자신의 몸을 느껴보는 것이다. 얼굴도 만져보고 머리카락의 감촉도 느끼면서 '내가 지금 여기에 있다.'고 머릿속에 되뇌어보자. 두 번째 방법은 호흡하는 것이다. 천천히 자신의 호흡을 느끼며 모든 잡념을 날려버리는 것이다.

오늘을 사는 사람은 행복하다. 이들은 자신의 인생과 주어진 시간을 소중하게 생각하고 오늘을 헛되이 보내고 나서 내일 후회하는 실수를 범하지 않도록 노력한다. 우리가 사는 '오늘'이 남은 삶의 질을 결정한다. 그러니 감사한 마음을 가지고 매일을 충실하게 산다면 멀지 않은 곳에서 행복을 발견할 수 있을 것이다.

---

[3] 불가의 경전 중 번뇌를 없애는 것에 관한 책.

'인내'는 인생에서 가장 중요한 것 중 하나이다.

사업에 성공하기 위해서든, 성취감과 행복을 얻기 위해서든

인내하는 자세가 무엇보다 필요하다.

세상에는 성공한 사람들도 많지만 어떤 일을 해도

늘 실패하고 우울감에 빠져 있는 사람들도 있다.

성공과 실패를 좌우하는 원인은 여러 가지가 있지만

그중에서도 어려움을 직면했을 때 쉽게 포기하지 않고

인내하느냐는 매우 중요한 문제이다.

4장

거친 바람에도
쓰러지지 않는 풀처럼

사소한 것들로부터의 위로

인생의
산봉우리

　살면서 모든 일이 순조로울 수는 없다. 일을 하든 사랑을 하든 크고 작은 어려움이 있기 마련이다. 어려움에 직면하면 근심스럽고 괴롭지만 그렇다고 해서 포기하라는 의미는 절대 아니다. 중요한 것은 그 상황을 대면하는 마음가짐이다. 어려움이 닥쳤을 때 어떤 이들은 부정적인 생각에 사로잡혀 상황을 극복하지 못한 채 고통만 증가시킨다. 한편 어떤 이들은 침착하고 용기 있게 어려움을 극복하고 더욱 발전된 모습으로 거듭난다.

　역사 속에도 어려움을 극복하고 훌륭한 역작을 남긴 인물들이 많이 있다. 춘추 전국 시대 초나라의 위대한 시인 굴원(屈原)은 파직당하고 유배를 간 후 걸작 『이소(離騷)』[1]를 썼고 전국시대 제(齊)나라의 군

1　중국 문학 사상 가장 오래된 장편 서정시.

사(軍師) 손빈(孫臏)은 빈형(臏刑)[2]을 당한 후 『병법(兵法)』[3]을 완성했으며, 사마천은 궁형(宮刑)[4]을 당하고도 『사기(史記)』를 집필했다. 이렇게 위대한 업적을 남긴 사람들도 시련이 닥쳤을 때 처음에는 방황하고 고통스러워했을 것이다. 하지만 이들은 남은 인생을 실패와 좌절 속에 살기보다는 시련을 극복하고 일어나 새로운 시작점을 찾았다.

영국의 소설가 겸 비평가인 올더스 헉슬리(Aldous Huxley)는 이런 말을 남겼다. "경험이란 누군가에게 일어난 '사건'을 말하는 게 아니라 그 일이 일어났을 때 어떻게 '행동'했는지를 의미한다." 그러므로 어려움에 직면했을 때 실패와 고통의 경험을 얻을 것인지, 성공과 기쁨의 경험을 얻을 것인지는 당사자의 태도에 달린 것이다. 전화위복이라는 말이 있듯이 시련은 언제든 기회로 바뀔 수 있다. 다음의 이야기를 살펴보자.

한 선비가 산길에서 강도를 만나 도망가다가 동굴 안으로 들어갔다. 강도 역시 선비를 쫓아 동굴 속으로 들어갔고 두 사람은 쫓고 쫓기다 어느새 동굴의 가장 깊숙한 곳까지 들어가고 말았다. 선비는 결국 강도에게 잡혔고, 강도는 선비가 가진 돈과 밤중에 쓰려고 챙겨 온 촛불을 모두 빼앗아갔다. 이후 두 사람은 각자 동굴의 출구를 찾으러 떠났다.

동굴 안은 아무것도 보이지 않을 만큼 깜깜했고 동굴 안에 또 다

---

[2] 무릎 아래를 잘라내는 형벌.
[3] 『손자병법(孫子兵法)』과 함께 중국 고대 군사이론의 정수로 꼽힌다.
[4] 생식기를 떼어버리는 형벌.

른 굴들이 있어 출구를 찾기 힘들었다. 강도는 선비에게서 빼앗은 촛불에 불을 붙였다. 그는 발아래 돌멩이가 있는지 눈앞에 벽이 있는지 모두 분간할 수 있어서 돌에 걸려 넘어질 일도, 벽에 부딪힐 일도 없었다. 하지만 아무리 걸어도 출구는 나오지 않았고 결국 동굴 안에서 굶어 죽었다.

반면 촛불을 강도에게 빼앗긴 선비는 아무것도 보이지가 않아 돌멩이에 수도 없이 걸려 넘어지고 벽에 얼굴을 부딪쳐 만신창이가 되었다. 하지만 캄캄한 어둠 속에 있다 보니 그의 눈은 출구 쪽에서 비쳐오는 희미한 불빛을 볼 수 있었고 그 빛을 따라가서 마침내 동굴을 탈출할 수 있었다.

강도는 촛불이 갖고 있어 동굴을 빠져나오기가 더 유리할 것 같았지만 촛불의 밝은 빛 때문에 동굴 밖에서 비쳐오는 희미한 불빛은 보지 못했다. 반대로 선비는 동굴 속에서 끊임없이 넘어지고 부딪혔지만, 어둠에 눈이 적응한 덕분에 희미한 불빛을 보았고 살아남을 수 있었다.

우리 인생도 캄캄한 동굴처럼 무수한 불확실성으로 가득 차 있다. 어떤 이들은 캄캄한 어둠 속에서 넘어지고 일어나기를 반복하며 희미한 희망의 빛을 따라가 꿈을 이룬다. 또 어떤 이들은 눈앞의 밝은 빛에 눈이 멀어 나아가야 할 방향을 잃고 결국 실패한다.

세상에 절대적인 것은 없으며 고통스러운 순간도 영원히 지속되지 않는다는 것을 깨닫는다면 어려움에 직면했을 때 절망하거나 포기하는 일은 없을 것이다. 대신 침착하고 객관적인 태도로 어려움을 직시하고 시련을 기회로 바꿀 수 있어야 한다.

소림사에 동료 수련생들로부터 늘 놀림을 받는 한 어린 수련생이 있었다. 어느 날 소년은 참다못해 한바탕 소란을 일으켰고 스승은 그를 소림사에서 내쫓았다. 소림사를 나온 소년은 왜 동료 수련생들이 자신을 무시하고 놀리는지, 또 스승님은 왜 자신만 나무라는지 이해할 수 없었다. 아무것도 하고 싶지 않았던 소년은 일 년 내내 빈둥거리며 허송세월했다.

그러던 어느 날 소년은 개울가 앞에서 한 노인이 멍하니 앉아 있는 것을 발견했다. 그는 노인에게 다가가 왜 이곳에 앉아 있는지 물었다.

"개울을 건너갈 수 없어서 그런단다."

소년이 다시 말했다.

"이 개울은 물이 깊지 않아서 쉽게 건너갈 수 있을 텐데요!"

노인이 대답했다.

"물이 깊지는 않지만 물속에 저 돌들이 문제란다."

소년이 이해할 수 없다는 표정을 지으며 말했다.

"돌이요? 돌이 무슨 문제가 있다는 말씀이시죠?"

"돌 위에 푸른 이끼가 잔뜩 끼어 있단다. 저 돌들을 밟았다간 분명 넘어질 텐데 어떻게 건너갈 수 있겠니."

소년은 노인의 말을 듣고 돌을 자세히 봤다. 정말로 푸른 이끼가 잔뜩 끼어 있었고 굉장히 미끄러워 보였다. 소년은 잠시 생각하다가 옆에 있는 마른 풀을 가리키며 말했다.

"왜 돌만 탓하고 계세요? 여기 있는 마른 풀들을 엮어 발밑에 묶고 지나가면 미끄러지지 않고 건널 수 있을 거예요."

노인은 소년의 말대로 마른 풀들을 엮어 발밑에 묶고 부축을 받으며 개울을 무사히 건너갔다.

"아이고!"

노인이 탄식했다.

"나는 개울가 앞에 세 시간도 넘게 앉아 있으면서 이끼가 낀 돌들만 원망했지 방법을 찾을 생각은 하지 못했단다. 잘잘못을 따지고 원망하는 건 아무런 도움도 되지 않는다는 사실을 이제야 깨달았구나."

노인의 말에 소년 역시 큰 깨달음을 얻었다. 소년은 그때부터 마음을 고쳐먹은 후 무술 연습에 매진했고 수십 년 후 그 유명한 무당파(武當派)[5]를 창립한다. 그 소년은 바로 무당파의 창시자 장삼봉(張三丰)이었다.

친구들이 놀리고 괴롭히는 것, 스승이 다른 아이들의 편만 드는 것, 돌멩이에게 문제가 있는 것 모두 객관적인 현상일 뿐이다. 돌멩이에 이끼는 이미 생겨버렸고 친구들과 스승의 생각도 쉽게 변하지 않을 것이다. 그렇다면 제자리에서 상황이 바뀌기만을 기다리기보다 자신의 생각을 바꾸고 문제를 해결할 수 있는 방법을 찾아보는 게 낫지

---

5 원(元)나라 때 창립된 도교의 한 종파로 검법과 태극권으로 유명하다.

않을까?

　장삼봉의 이야기는 어려움에 직면했을 때 어떤 태도를 가져야 하는지 알려준다. 누구나 자신의 인생이 평탄하기만을 바라지만 시련과 고통은 피할 수 없다. 어려움이 닥쳤을 때 우리는 어떻게 해야 할까? 한숨 쉬며 원망만 하고 있을 것인가 아니면 적극적으로 나서서 어려움을 극복해나갈 것인가. 당연히 후자를 선택해야 한다.

마음은 시련 위에서 싹튼다

"하늘이 무너져도 솟아날 구멍은 있다."는 말처럼 아무리 큰 시련도 기회로 바꿀 수 있다. 하지만 희망을 부정하고 노력하기를 포기한다면 아주 작은 시련도 절망으로 바뀔 수 있다. 절망은 마음가짐에서 비롯된다. 『삼국지(三國志)』에서 스스로 서초패왕(西楚覇王)이라 칭할 정도로 대단했던 장수 항우(項羽)는 한(漢)나라의 유방(劉邦)에게 포위되었을 때, 다시 재기할 수도 있었지만 하늘이 자신을 버렸다며 원망만 하다가 결국 자결해서 모두를 안타깝게 했다.

인생이 뜻대로 되지 않는다고 원망하지 말고 왜 내게만 이런 일이 생기느냐고 불평하지도 말자. 앞의 이야기에서처럼 개울을 건너가야 하는데 돌에 이끼가 꼈다고 주저앉아 사라지기만을 기다리기보다는 생각을 바꿔 방법을 찾아야 한다. 노인이 멍하니 앉아 시간을 낭비하는 동안 소년은 개울을 건너갈 방법을 찾은 것처럼 말이다.

백마 한 마리가 있었다. 백마는 초원의 말들 중 가장 빨리 달렸다. 하지만 어느 날 심각한 부상을 입었고 경마대회의 챔피언 자리를 다른 말에게 내주고 말았다. 거기다 더 이상 초원을 달리는 즐거움도 만끽할 수 없게 됐다.

그래도 백마는 지난날의 영광을 되찾기 위해 열심히 치료를 받았고 다 나은 뒤에는 예전의 달리기 실력을 회복하기 위해 열심히 훈련했다. 하지만 아무리 노력해도 속도가 예전 같지 않았다. 의기소침해진 백마는 더 이상 대회에 참가하지 않았고 점점 세상에서 잊혔다.

그런데 일 년 후 모두가 그의 존재를 잊었을 때쯤, 백마는 다시 경마대회에 참가했고 챔피언 자리를 되찾았다. 예전의 기력과 자신감을 완전히 회복한 백마의 모습에 사람들은 모두 깜짝 놀랐다.

알고 보니 백마는 자신이 더 이상 빨리 달릴 수 없다는 사실에 마냥 의기소침해 있지 않고 무거운 짐을 짊어질 수 있는 장기를 살려 지난 시간 동안 열심히 연습하여, 그 분야에서 최고로 거듭났던 것이다. 백마는 이제 초원에서 가장 무거운 짐을 짊어질 수 있는 말이 되었다.

하늘의 바람과 구름이 언제 일고 어디로 흘러갈지 예측할 수 없듯이 인생 또한 언제 어떻게 변할지 미리 알 수 없다. 어떤 사람도 영원히 따뜻한 태양 아래에서만 살 수 없고 시련과 실패는 누구에게나 찾아온다. 큰 난관에 부딪혔을 때 이 고통을 내가 극복할 수 없을 것이라고 비관한다면 마음의 평정심을 잃고 문제만 더욱 커질 것이다.

그러므로 마음을 차분히 가라앉히고 새롭게 시작하는 법을 배워야 한다. 백마는 이미 잃어버린 능력에 대해 주저앉아 한탄하지 않고 일 년 동안 자신의 새로운 장기를 찾아 다시 챔피언의 자리에 오르는 데 성공했다. 우리도 백마처럼 자신감과 용기를 갖고 시련을 인생의 또 다른 기회로 여긴다면 그를 발판삼아 새로운 성공의 문을 열 수 있다.

당나귀 한 마리가 잘못해서 마른 우물에 빠지고 말았다. 주인이 구해보려고 했지만 우물이 너무 깊어 건져낼 수 없었고 결국 당나귀를 홀로 남겨둔 채 가버렸다. 이 사실을 모르는 사람들은 매일 우물 안으로 온갖 쓰레기를 던졌다. 먹다 남은 음식물들이 당나귀 머리 위로 쏟아졌고 쓰레기의 악취 때문에 제대로 숨을 쉴 수 없었다. 당나귀는 너무나 화가 났다. 자기를 버리고 간 주인은 말할 것도 없고 사람들이 던지는 쓰레기 때문에 편하게 죽을 수도 없으니 말이다.

배가 너무 고파 정신이 희미해지기 시작한 그때, 당나귀는 갑자기 생각을 바꿨다. 아무 희망 없이 굶어 죽기를 기다리기보다는 열심히 살길을 찾기로 한 것이다. 당나귀는 쓰레기 더미를 뒤져 그나마 먹을 만한 것을 찾았고 아무리 삼키기 힘들어도 억지로라도 먹어 체력을 보충했다. 그리고 나머지 쓰레기는 모두 발밑에 차곡차곡

쌓았다. 그러다 보니 쓰레기 더미의 높이는 날마다 조금씩 높아졌고 당나귀도 우물 입구에 점점 가까워졌다. 그리고 마침내 당나귀는 무사히 우물을 빠져나올 수 있었다.

출구가 전혀 보이지 않는 어둠 속에서도 생각을 바꾸면 어려움을 극복할 수 있는 길을 얼마든지 찾을 수 있다. 당나귀는 깊은 우물에 빠져 주인에게 버림받고 설상가상으로 악취 나는 쓰레기 더미를 뒤집어쓰게 됐다. 그러나 이대로 굶어죽고 말 것이라는 절망적인 순간에 당나귀는 태도를 바꾸고 쓰레기를 양식이자 발판으로 삼아 우물 밖으로 나왔다.

이처럼 인생에 위기가 닥쳤을 때 비관하거나 실망하지 않고 이를 성공하기 위해 반드시 통과해야 하는 관문으로 여긴다면 머지않아 희망의 빛을 볼 수 있다. 당나귀가 수많은 쓰레기를 뒤집어썼지만 결국 쓰레기를 밟고 우물 밖으로 나갈 수 있었던 것처럼 아무리 많은 시련이 닥쳐도 그것을 기회로 삼고 긍정적인 마음으로 헤쳐나간다면 언젠가 인생 최고의 순간을 맞이하게 될 것이다.

인생에
'만약'이란 없다

　어떤 사람들은 평생 이미 일어난 일이나 일어나지 않은 일들을 생각하며 후회와 원망으로 얼룩진 인생을 산다. '만약 그 일이 일어나지 않았다면', '만약 그때 그런 선택을 하지 않았다면', '만약 내가 저 사람처럼 될 수 있다면', '만약 그때로 돌아갈 수 있다면' 하고 말이다.
　이렇게 사람들의 머릿속은 수많은 '만약'으로 가득 차 있다. 그래서 지금 자신이 누리고 있는 행복을 보지 못할 뿐더러 상상하고 꿈꾸는 것들이 실현가능한 것인지, 정말로 이루어진다면 인생이 더 행복해질 수 있는지 자세히 생각해보지도 않는다.
　지혜롭게 살기 위해서는 '만약에……'가 붙는 상상은 되도록 하지 않는 것이 좋다. 과거가 없었다면 현재 어떤 것이 옳고 그른지, 어떤 것이 좋고 나쁜지 알 수 없지 않겠는가? 시간은 다시 되돌릴 수 없고 되돌아갈 필요도 없다. 과거로 다시 돌아간다고 해도 같은 실수를 하지 않는다는 법은 없기 때문이다. "만약 내게 다시 한 번 기회가 주어진다 해도 또 다른 후회만 남을 뿐이겠지."라는 유행가 노랫말처럼 말이다.

그러므로 현재의 즐거움을 찾는 데 더 많은 시간을 투자하는 편이 훨씬 현명하다. 겉만 번지르르하고 실속 없는 만약을 쫓는 대신, 지금 당장 누리고 있는 행복을 소중하게 생각하라는 것이다. "물이 불어나면 큰 배도 저절로 떠오른다(水到船浮)."는 옛말처럼 현재의 선택이 결국 내가 꿈꾸는 목표에 이르게 할 것이라는 믿음을 가져야 한다.

옛날에 두 딸을 둔 여인이 있었다. 큰딸은 우산 가게를 하고 있었고 작은딸은 빵집을 운영하고 있었는데 두 가게 모두 장사가 아주 잘되었다. 하지만 그녀는 늘 걱정이 많았다. 어느 날 한 노인이 그 이유를 묻자 그녀는 이렇게 대답했다.

"날씨가 좋으면 큰딸이 걱정이에요. 비가 오지 않으면 아무도 우산을 사지 않을 테니까요. 하지만 비가 오면 또 작은딸이 걱정이랍니다. 날씨가 좋지 않으면 빵을 사러 오는 사람이 줄어들 테니까요."

노인은 얘기를 듣고 웃으며 말했다.

"그래서 늘 걱정이 많았군요. 그럼 이렇게 바꿔 생각해보면 어때요? '맑은 날에는 작은딸의 빵 가게에 손님이 많을 테니 좋고, 비가 오는 날에는 큰딸의 우산이 잘 팔릴 테니 좋구나.' 하고 말이에요."

여인은 노인의 말에 큰 깨달음을 얻었고 이후 매일 웃으며 지냈다.

노인은 여인이 문제를 다른 시각으로 바라보도록 했고 이로써 그녀의 근심은 행복으로 바뀌었다. 이미 잃어버렸거나 가질 수 없는 것을 가지려고 애쓰기보다 생각을 바꿔 내가 지금 소유한 것을 더 많이 바라볼 수 있다면 즐거움은 더욱 커진다.

누구나 마음속에 크고 작은 꿈이 있고 '만약에, 어쩌면' 하면서 그 꿈이 이루어지는 상상을 한다. 하지만 매사에 그런 상상만 믿고 있으면 안 된다. 상상하면 할수록 현재 누리고 있는 행복을 잊어버리기 쉽기 때문이다.

1929년, 미국 뉴욕 증시가 폭락하면서 회사 재정에 큰 타격을 입은 한 사업가가 법원에 파산 신청을 하고 절망적인 심정으로 집에 돌아왔다.

"여보, 무슨 일 있어요?"

상황을 전혀 모르는 아내는 그의 축 처진 어깨를 보고 이렇게 물었다.

"여보, 우린 이제 끝났소! 나는 파산했고 내일 법원에서 우리가 가진 전 재산을 압류하러 올 거요."

사업가는 참지 못하고 울음을 터뜨렸다.

"그럼 당신도 압류해 가나요?"

아내가 물었다.

"물론 그건 아니지만……."

그는 아내를 의아하게 바라보며 말했다.

"그럼 당신의 아내인 저를 압류해 가나요?"

아내가 계속해서 물었다.

"그것도 아니오……."

그는 아내의 뜻을 알아채지 못한 채 대답했다.

"그럼 우리 아이들은요?"

아내는 아주 진지한 표정으로 세 번째 질문을 했다.

"당연히 아니지! 아직 어린 아이들이 이 일과 무슨 상관이 있다고. 당신은 도대체 왜 그런 걸 묻는 거요?"

"그럼 어째서 당신은 우리 전 재산을 압류할 거라고 했죠?"

아내가 말했다.

"당신에겐 여전히 당신을 응원하는 아내가 있고, 앞날이 창창한 아이들이 있고, 풍부한 경험이 있고, 하늘이 주신 건강한 몸과 명석한 두뇌가 있잖아요. 지금 잃어버린 것들은 인생을 배우는 대가라고 생각 하기로 해요. 언제든 다시 노력해서 되찾으면 되잖아요?"

아내의 격려에 그는 기운을 차리고 부정적인 생각을 떨쳐버렸다. 그리고 삼 년 동안 열심히 노력해 회사를 다시 일으켰고 얼마 후「포춘(Fortune)」지에서 선정한 오백대 기업의 반열에 오르게 되었다.

파산 신청을 하면서 사업가는 '만약 과거를 바꿀 수 있다면…….' 하고 수백 번도 더 생각했을 것이다. 그러나 이미 일은 벌어졌고 변하는 건 아무것도 없다. 다행히 현명한 아내의 격려가 있었기에 그는 절망에서 빠져나와 계속 전진할 수 있었다.

매일 다행스러운 삶

　인생을 살면서 선택을 바꿀 수 있는 기회가 있고, 만약 그렇게 해서 원하는 대로 이뤄진다면 현재의 괴로움과 고민을 한 번에 해소할 수 있을지도 모른다. 하지만 한 가지 확실한 건 그 선택으로 인해 분명 또 다른 고민거리가 생길 거라는 점이다. 모든 사람의 인생에는 각각의 장단점이 있고 잘나갈 때가 있으면 침체기도 있는 법이다. 신은 인간을 만들 때 얻는 것이 있으면 잃는 것도 있도록 공평하게 만들었다. '만약'이라는 건 동전의 양면과 같다. 앞면만 봤을 때는 모든 것이 순조로워 보이지만 뒷면에는 무엇이 숨어 있을지 모른다. 그곳에 자신을 괴롭게 하는 그 무언가가 있다면 또 다른 '만약'을 찾아 해결할 것인가?

　인생에서 어떤 시련을 만나든 상심, 후회, 원망, 절망 등의 감정은 문제 해결에 아무런 도움도 되지 않는다. 그럴 때 생각을 조금만 바꾸면 상황을 크게 호전시킬 수 있다. 인생은 일방통행 같아서 한 걸음 한 걸음씩 매일 앞으로 나아갈 뿐 되돌아가는 길은 없다. 그러므로 지나간 일에 후회가 남더라도 앞으로 계속 걸어가야 한다. 이때 속으로 '만약에 ○○했더라면' 하는 수많은 가정을 품는다면 상심만 더욱 커질 뿐이다. 차라리 후회로부터 교훈을 찾고 그 만약의 일들이 지금 이 순간 일어나거나 혹은 더 이상 일어나지 않도록 하는 데 힘써야 할 것이다.

　이는 연애나 결혼을 할 때도 같다. 실체가 없는 공허한 망상에 사로잡혀 있지 말고 지금 가진 행복을 더욱 소중하게 여길 줄 알아야 한다.

　　한 성공한 사업가가 있었다. 그는 젊고 잘생긴데다가 품성도 좋았다. 그는 자신의 완벽한 조건에 어울릴 만한 배우자를 찾고 또 찾았다. 그러다가 결국 마음씨가 아주 착한 여자를 만나 결혼했다. 그런데 여자는 몇 년이 지나도 아이를 갖지 못했고 늘 몸이 아팠다. 주변에서는 모두들 젊은 사업가를 안타까워하며 말했다.
　　"저 여자랑 결혼하지 않았더라면 더 잘 살 수 있었을 텐데."
　　하지만 남자는 오히려 이렇게 말했다.
　　"다른 사람과 결혼했다면 더 안 좋은 일이 생겼을지도 모르죠. 그녀와 결혼한 건 제게 큰 행운이랍니다."

이야기 속의 남자는 정말 올바른 생각을 가진 사람이다. 그러나 안타깝게도 우리 주변에는 그렇지 못한 사람들이 더 많다. 많은 사람들이 처음에는 서로 애틋한 마음을 가지고 연애하고 결혼하지만 시간이 흐르면서 서로의 단점들만 보이고 불만이 쌓인다. 심지어 이혼이라는 극단적인 방법으로 갈등을 해결하려는 사람들도 있다. 자신의 선택에 신중하지 못하고 조그만 어려움에도 쉽게 포기하기 때문이다. 이런 사람들은 마음가짐을 바꾸지 못한다면 다시 시작한다 한들 같은 상황이 반복될 뿐이다.

"내가 사랑하는 것을 선택하고, 내 선택을 사랑하라."는 말처럼 어떤 선택을 할 때는 충분히 고려하고 생각한 뒤 결정하고 일단 선택한 이후에는 후회하지 말고 그것의 좋은 점만 보려고 노력해야 한다. 행복은 이미 잃어버렸거나 얻지 못한 것에 있는 것이 아니라 현재 갖고 있는 것들 속에 스며들어 있다.

사업에서도, 사랑에서도 '만약'이라는 가정은 후회에서 비롯한 부질없는 바람과 꿈일 뿐이다. 불가능하다는 것을 알면서도 계속 머릿속에 그리고 생각하면 자신을 우울함의 늪에서 헤어 나오지 못하게 막는 셈이다. 그러므로 이미 바꿀 수 없는 사실과 실현 불가능한 망상에 대해서는 잊어버리고 포기할 줄 알아야 한다. 기왕 오늘을 계속 살아가야 하고 이 길을 계속 걸어 나가야 한다면 지금의 나라서 '다행'이라고 생각하도록 하자. 사실 살면서 다행스러운 순간은 정말로 많다. 지금 살아 있어서, 신선한 공기를 마실 수 있는 건 참 다행이다. 어떤 어려움을 극복해야 할 때 몸이 건강해서 도움이 되는 것도 다행스러운 일이다. 누군가를 사랑할 때 그 사람과 인연이 되어 행복한 것도 다행이며, 산을 오를 때 조금 힘들긴 해도 아름다운 경치를 볼 수 있는 것도 다행이다. 그리고 결정적으로 '다행이다'는 생각을 할 수 있다는 것부터가 참으로 다행스러운 일이다. 자신의 인생을 더욱 아름답고 행복하게 만들 선택을 할 수 있으니 말이다.

한 가지에 몰입하라

미국의 유명한 심리학자 에이브러햄 매슬로(Abraham H. Maslow)는 인간의 욕구를 다섯 단계로 구분했다. 생리적 욕구, 안정에 대한 욕구, 사회적 욕구, 존엄의 욕구, 자아실현의 욕구가 바로 그것이다. 이 중 가장 높은 단계는 자아실현의 욕구이다. 다시 말해 인간은 누구나 자신의 능력의 발휘하고 사랑하는 사람들로부터 인정을 받고 싶어한다는 뜻이다.

자아실현의 욕구란 우리가 흔히 말하는 '성공'을 의미한다고 볼 수 있는데 사업의 성공, 학업의 성공, 연애 혹은 결혼의 성공, 직업 선택의 성공, 그리고 일상생활의 아주 작은 일들에 이르기까지 우리가 생각하고 행동하는 모든 것은 바로 이 성공이라는 단어와 밀접한 관련이 있다.

이토록 성공을 갈망하는 이유는 부와 명성 등 외형적인 요소 때문이기도 하지만 더 중요한 이유는 그로부터 얻는 즐거움과 성취감에 있다. 성공을 통해 우리는 스스로를 인정하고 믿으며, 이로써 이전의 한계를 뛰어넘을 수 있는 자신감과 투지를 가질 수 있다. 또한 성공은 삶에 무한한 활력을 불어넣어주며 인생을 즐겁고 긍정적인 마음으로 살게 해준다. 이렇듯 성공 앞에서는 누구나 자신감 넘치고 활기차다. 그러나 반대로 실패를 만났을 때는 어떠한가? 자괴감이나 실망 등 부정적인 정서에 휩싸이고 마음이 늘 불안해진다.

그렇다면 모든 사람이 성공을 애타게 갈망하는데도 왜 어떤 사람은 너무나 쉽게 얻고 어떤 사람은 아무리 노력해도 얻지 못하는 것일까? 어떤 학생은 건성건성 공부한 것 같은데도 늘 일등을 하고, 어떤 학생은 밤새도록 공부했는데도 성적이 하위권이다. 또 어떤 사람은 아무리 많은 업무가 주어져도 주어진 시간 안에 훌륭하게 완성하고, 어떤 사람은 종일 바쁘게 뛰어다니지만 한 가지도 제대로 끝내지 못한다. 왜 그런 걸까? 이러한 의문에 대한 해답을 다음 이야기를 통해 살펴보자.

만력제(萬曆帝)[6]가 다스리던 시기, 명(明)나라는 북방의 여진족 때문에 골머리를 앓았다. 당시 적으로부터 나라를 지켜주던 만리장성 동쪽의 중요한 관문인 산해관(山海關)은 오래도록 보수하지 않아 현판의 '천하제일관(天下第一關)' 중에 '일(一)'자가 이미 지워진 상태였다.

---

6   중국 명나라의 제십삼대 황제로 재위 1572년~1620년, 묘호는 신종(神宗)이다.

황제는 여진족의 침략에 대비하기 위해 만리장성을 재건하기로 결심하고 현판의 지워진 글자를 다시 새겨 넣어 산해관의 원래 면모를 되찾고자 했다. 황제는 전국에서 명필로 소문난 서예가들을 불러 모아 글씨를 쓰게 했지만, 그 누구도 천하제일의 면모를 재현하지는 못했다. 만력제는 전국적으로 경합을 벌여 우승자에게는 큰 상을 주겠노라고 약속했다. 마침내 엄격한 심사를 거쳐 최종 우승자가 선발됐는데 그는 다름 아닌 산해관 바로 옆 주막의 종업원이었다.

현판에 새겨 넣을 글씨를 쓰기로 한 날, 이를 보기 위해 몰려든 사람들로 산해관 주변은 북새통을 이뤘고 황실에서 나온 관료들은 최고급 붓과 먹물을 준비해 놓았다. 하지만 주막집 종업원은 현판을 한 번 올려다보더니 최고급 붓을 마다하고 행주를 집어들어 먹물을 묻혔다. 그리고 큰 숨을 들이쉬고는 순식간에 종이 위에 획을 그었다. 그런데 그것이 신기하게도 산해관의 면모를 절묘하게 살린 '일'자였다. 현장에 있던 사람들은 잠시 어안이 벙벙해 있다가, 이내 우레와 같은 박수를 보냈다. 사람들은 주막집 종업원에게 이렇게 훌륭한 글씨를 쓸 수 있게 된 비결을 물었다. 그는 한참을 머뭇거리며 대답하지 못하다가 조심스럽게 말을 꺼냈다.

"사실 비결이라고 할 건 없어요. 다만 저는 지난 삼십 년간 주막에서 일하면서 하루도 빠짐없이 현판의 글씨를 올려다봤죠. 그리고 매일 행주로 '일'자를 그리며 상을 닦았을 뿐이랍니다."

알고 보니 종업원의 비결은 너무나 간단했다. 그는 수십 년간 매일 현판을 바라보고 글씨를 연습했고 어느새 숙련이 되어 글자가 원래 지니고 있던 고유한 면모를 살려낼 수 있었던 것이다.

이 이야기는 두 가지 불변의 진리를 일러준다. 첫째, 연습은 완벽을 만든다. 둘째, 한 가지 일에 전념하면 반드시 성공한다는 것이다.

성공을 좌우하는 요소는 여러 가지가 있지만 동서고금을 막론하고 성공한 사람들에게서 공통적으로 발견할 수 있는 특징은 바로 한 가지 일에 전심전력으로 몰두했다는 점이다. 아무리 사소한 일이라도 성공하기 위해서는 온 마음을 다해 몰입해야 한다. 이는 『고양이의 낚시(小猫釣魚)』라는 동화만 봐도 알 수 있다.

먀오와 미미 두 고양이 자매는 엄마 고양이를 따라 낚시를 갔다. 엄마의 동작을 유심히 보고 따라한 먀오는 금방 물고기를 낚는 데 성공했다. 하지만 미미는 딴짓을 하다가 성급하게 낚싯대를 던졌고 결국 한 마리도 잡지 못하고 청개구리의 장난에 넘어가기만 했다. 결국 빈손으로 돌아와 속상했던 미미는 이후 엄마에게 낚시하는 법을 차근차근 배우고 다시 낚시에 나선다. 그리고 이번에는 차분히 낚시에 전념해 큰 물고기를 낚는 데 성공했다.

이처럼 인생에서도 내가 원하는 것을 얻고자 할 때는 그 하나에만 집중해야 큰 수확을 거둘 수 있다. 이리저리 정신이 흐트러지면 이야기 속 어린 고양이처럼 결국 빈손으로 돌아가게 될 것이다.

한 걸음이 천리를 만든다

'인내'는 인생에서 가장 중요한 것 중 하나이다. 사업에 성공하기 위해서든, 성취감과 행복을 얻기 위해서든 인내하는 자세가 무엇보다 필요하다. 세상에는 성공한 사람들도 많지만 어떤 일에서든 늘 실패하고 우울감에 빠져 있는 사람들도 있다. 성공과 실패를 좌우하는 원인은 여러 가지겠지만, 그중에서도 어려움을 직면했을 때 쉽게 포기하지 않고 인내하느냐는 아주 중요한 문제이다.

세계적으로 성공한 사람들을 보면 모두 엄청난 끈기와 인내로 자신의 신념을 지켰다. 그들은 희망이 보이지 않는 순간에도 끝까지 포기하지 않았고 결국 꿈을 이뤄냈다. 반대로 자신의 신념을 지키지 못하고 쉽게 포기하는 사람은 성공과 점점 멀어진다.

인내는 말로 내뱉기는 쉽지만 실천하는 건 대단히 어렵다. 대부분의 사람들이 끈기가 부족하고 조그만 어려움에도 자신감을 잃어버리기 때문이다. 또 성공이란 아주 많은 시간을 투자해야 힘들게 얻을 수 있는 것이라 생각하고 쉽게 포기해버린다. "한 걸음 한 걸음 쌓아 나가지 않으면 천리에 도달할 수 없다(不積跬步 無以至千里)."는 순자(荀子)의 말처럼 하루하루 성실하게 노력하고 인내하는 것이 성공의 비법이다. 자기 자신을 신뢰하고, 남들이 하는 일은 나도 할 수 있다는 믿음으로 끈기 있게 노력하는 사람만이 기적을 만들고 기회를 얻는다.

세계 최고의 세일즈맨으로 인정받는 조 지라드(Joe Girard). 그는 끝까지 포기하지 않는 끈기와 인내로 마침내 최고의 자리에 오를 수 있었다. 지라드가 세일즈맨으로 가장 처음 일하게 된 곳은 한 자동차 회사였다. 신입 직원들은 모두 한 달간 인턴십을 거쳐야 했는데 이 기간 동안 자동차를 한 대라도 팔아야만 회사에 남을 수 있었다. 지라드는 매일 새벽부터 늦은 밤까지 열심히 뛰어다녔지만 한 달 동안 한 대도 팔지 못했다. 마침내 한 달째 되던 날 저녁, 사장은 판매용으로 내주었던 자동차 열쇠를 회수하고 지라드에게 그만 회사를 떠나라고 말했다. 하지만 지라드는 이렇게 말했다.

"밤 열두 시가 되지 않았으니 오늘 하루가 다 끝난 것은 아니죠. 제게는 아직 기회가 있습니다."

그 말을 들은 사장은 지라드에게 마지막 기회를 줬다. 그는 길가에 차를 세워두고 기적이 일어나기만을 기다렸다. 자정 가까워올 무렵

---

7 『명심보감(明心寶鑑)』「권학편(勸學篇)」.

한 남자가 창문을 두드렸는데 물어보니 그는 냄비를 파는 행상인이었다. 지라드는 남자를 차 안으로 들어오게 하고 따뜻한 커피를 한 잔 따라주었다. 그리고 이렇게 물었다.

"제가 지금 이 냄비를 산다면 다음에는 무엇을 하실 건가요?"

남자가 대답했다.

"나가서 계속 냄비를 팔아야죠."

지라드가 또 물었다.

"냄비를 다 팔면 무엇을 하실 건가요?"

남자가 대답했다.

"그럼 집에 가서 냄비들을 더 가져와 팔아야죠."

지라드가 계속해서 물었다.

"만약 냄비들이 잘 팔려서 더 먼 곳까지 팔러 가야 한다면요?"

남자가 말했다.

"그럼 차를 한 대 사는 것을 고려해봐야겠죠. 하지만 지금은 그럴 돈이 없어요."

두 사람은 이런저런 얘기를 나누었고 열두 시 정각, 냄비 파는 남자는 다섯 달 후 차를 받는 조건으로 자동차 구매계약서를 작성했다. 계약금으로는 냄비 한 개 가격을 지불했다.

이 일을 계기로 지라드는 회사에 계속 남을 수 있었고 이후로 열심히 뛰어 십오 년 동안 자동차 만 삼천여 대를 팔아 '십이 년 연속 세계 자동차 판매왕'으로 기네스북에 오르며 세일즈맨의 기적을 보여줬다.

지라드가 성공할 수 있었던 이유는 그의 입담과 영업 능력 때문이기도 하지만 밑바탕이 된 것은 끈기와 인내심이다. 그렇지 않았다면 그는 당초 사장의 해고 결정에 따랐을 것이다. 하지만 지라드는 마지막까지 포기하지 않았고 결국 기회를 잡아 맡은 일을 완수했다.

일상생활에서도 인내심은 반드시 필요하다. 회사에서 아주 어려운 프로젝트를 맡아 처리해야 할 때, 상사에게 자신의 능력을 증명하고 인정받고자 할 때, 의견이 다른 동료에게 내 생각을 이해시켜야 할 때, 부모와 자녀 사이의 소통이 어려울 때, 그리고 사랑을 할 때도 인내심을 가지는 게 무엇보다 중요하다. 끈기 있게 인내하는 자만이 원하는 것을 손에 넣을 수 있기 때문이다.

행복은
어디에서 오는가

사람들에게 소원이 뭐냐고 물어보면 아마도 대부분 즐겁고 행복한 인생을 사는 것이라고 대답할 것이다. 또 우울하고 걱정이 많은 사람들에게 무엇 때문에 괴로워하냐고 물으면 행복하지 않기 때문이라고 대답할 것이다. 과연 행복이란 무엇일까? 어떻게 해야 즐겁고 행복한 인생을 살 수 있을까? 누구나 한 번쯤 고민해봤을 테지만 명확한 답을 얻은 사람은 거의 없다.

현대 사회에서는 돈이 많고 좋은 집에 사는 사람 혹은 사회적 지위가 높은 사람이 행복할 거라고 생각한다. 그러나 이런 것들이 정말로 인생을 행복하게 해줄까? 그런데 정작 사람들의 삶을 들여다보면 의외의 모습을 보게 된다. 어떤 이는 고급 승용차를 타고 온갖 명품으로 치장했지만 표정이 늘 어둡고 자기 인생이 지루하고 공허하다며 불평

한다. 또 어떤 이는 화려한 건물에서 높은 연봉을 받고 일하지만 아무도 없는 텅 빈 집으로 돌아와 밤새 술과 담배에 찌들어가기도 한다. 반면 공사장에서 고된 노동을 하는 검게 그을린 인부들의 얼굴에서도 맑고 순수한 웃음을 발견할 수 있다.

 사람마다 행복에 대한 기준은 다르다. 그러나 탐욕을 버리고 소박한 마음가짐으로 살아야 진정한 행복을 얻을 수 있고 즐겁고 평온한 마음을 오래 지킬 수 있음은 예외가 없다.

 어느 날 한 철학자가 제자들을 데리고 시장에 갔다. 시장은 발 디딜 틈 없이 복잡했고 물건을 파는 상인들의 소리로 시끌벅적했다. 시장에서 나온 뒤 철학자가 제자들에게 이렇게 물었다.
 "방금 본 상인들 중 누가 제일 행복해 보이더냐?"
 제자들 중 한 명이 대답했다.
 "아까 생선가게를 지나가는데 손님이 많아서 가게 주인이 정신없이 바쁘더라고요. 하지만 얼굴에는 굉장히 만족스러운 미소를 띠고 있었……."
 제자의 말이 끝나기도 전에 철학자는 고개를 저었다.
 "아니야, 재물로 얻은 즐거움은 오래가지 못한다."
 철학자와 제자들은 다시 길을 걷다가 한 농가를 지나갔다. 여기저기서 닭 울음소리가 들리고 농민들은 일을 하느라 모두 바빠 보였다. 철학자가 다시 제자들에게 물었다.
 "방금 지나온 농가에서 누가 자신의 삶에 가장 충실한 것 같더냐?"

제자들 중 한 명이 대답했다.

"마을에 얼굴이 굉장히 까무잡잡한 분이 계셨는데요. 집에 가축을 많이 키우고 있고 큰 논에 농사도 짓고 있다고 하시더라고요. 집에서 가축들을 돌보고 밖에 나가서는 농사일을 하느라 쉴 틈이 전혀 없어 보였습니다."

철학자는 제자의 대답을 듣고 아무 말이 없다가 잠시 후 조용히 말했다.

"바쁘다고 모두 삶에 충실한 것은 아니란다. 너무 정신없이 바쁘다 보면 길을 잃는 법이지."

철학자 일행은 계속 길을 가다가 산비탈에 이르렀다. 그곳에는 구름같이 많은 양떼가 풀을 뜯고 있었고 행색이 남루해 보이는 양치기 노인이 바위 위에 앉아 있었는데, 채찍을 손에 든 채 먼 산을 바라보고 있었다. 그를 본 철학자가 걸음을 멈추고 웃으며 제자들에게 말했다.

"저 노인의 여유로운 표정을 보거라. 저 사람이야말로 자기 삶의 진정한 주인이구나."

철학자의 말에 제자들은 서로 얼굴만 쳐다보며 속으로 이렇게 생각했다.

'저렇게 혼자 고독하게 앉아 있는데 무슨 삶의 주인이란 말씀이시지?'

철학가는 제자들의 의아한 표정을 보고 말했다.

"너희는 저 노인의 마음이 즐겁게 산책하는 것이 보이지 않느냐."

재물로 얻은 즐거움은 오래가지 못한다. 돈과 명예 등 외형적인 것들은 만족감과 즐거움을 준다 해도 잠시뿐이며 그 순간이 지나가고 나면 마음속에 공허함을 불러일으켜 더 많이 욕심 내라고 부추긴다. 이런 상황이 계속 반복되면 결국 평정심을 잃고 말 것이다. 담배에 중독된 사람이 담배를 피우지 않을 때 공허함을 느끼거나 괴로움을 달래기 위해 끊임없이 흡연을 하는 것과 마찬가지이다. 하지만 이는 문제를 해결하는 근본적인 방법이 아니며 마음에 진정한 위로가 될 수도 없다.

마음의 공허함을 달래기 위해 수단과 방법을 가리지 않고 죽을힘을 다해 돈을 벌고 있다면 한 번쯤 이런 생각을 해봐야 한다. 행복은 어디에서 오는 걸까? 어째서 손에 넣고자 그렇게 애쓰는 것들이 오히려 나를 속박하고 다치게 하는 걸까?

사실 정답은 간단하다. 행복은 즐거운 마음에서 온다. 그리고 즐거움은 자신의 삶에 충실할 때 느낄 수 있다. 매일 바쁘게 보낸다고 해서 충실한 게 아니다. 마음이 건강하고 평온한 사람만이 삶에 가장 충실할 수 있다.

몸과 마음이 더 이상 욕망이나 번잡한 세상사에 끌려다니지 않고 차분한 마음가짐을 유지한다면 삶의 진정한 의미를 찾고 평범한 일상에서도 큰 즐거움을 느낄 수 있다. 또한 살면서 겪게 되는 다양한 선택의 순간에 자신에게 가장 적합한, 자신을 가장 행복하게 해줄 수 있는 결정을 내릴 수 있다.

뉴욕 월스트리트의 한 식당에서 아르바이트를 하는 유학생이 있었다. 어느 날 그는 주방장에게 이렇게 말했다.

"두고 보세요. 저도 언젠가 이 월스트리트의 멋진 건물에서 일할 거예요."

주방장이 물었다.

"자네는 학교를 졸업하면 뭘 하고 싶은가?"

유학생은 한 치의 고민도 없이 말했다.

"일단 졸업 후에 세계적인 대기업에 취직할 거예요. 연봉도 높고 들어가고 나면 앞날이 보장되니까요."

주방장이 고개를 저으며 말했다.

"나는 어떤 직장에 들어가고 싶은지 물은 게 아니야. 자네가 인생에서 정말로 하고 싶은 일이 뭔지를 물은 거지."

유학생은 주방장의 말을 이해하지 못한 듯했다. 그러자 주방장은 더 이상 설명하지 않고 갑자기 한숨을 쉬며 이렇게 말했다.

"경기가 계속 나빠서 식당이 잘 안 되면 나도 은행원이나 해야겠다."

유학생은 갑자기 어안이 벙벙해졌다.

'지저분한 앞치마 차림의 식당 주방장보다 대형 은행의 직원이 더 되기 쉽다는 건가?'

주방장은 유학생의 얼떨떨한 표정을 보고 웃으며 말했다.

"사실 나도 예전에 월스트리트의 한 대형 은행에서 일했거든. 그때는 매일 이른 아침부터 밤늦게까지 일하느라 여가를 즐길 시간이 전혀 없었어. 그런데 나는 예전부터 요리하는 걸 무척 좋아했지.

내가 만든 요리를 가족들이 맛있게 먹을 때 가장 즐겁고 행복했어. 어느 날 새벽 한 시가 넘어 퇴근해 차가운 햄버거로 허기를 달래다가 결심했지. 은행을 그만두기로 말이야. 평생 일하는 기계로 살 수는 없었으니까. 이후에 내가 좋아하는 요리를 하며 살기 위해 이 식당을 열었어. 지금 나는 월스트리트에서 일하던 그때보다 백 배는 더 즐겁고 행복하다네."

일과 행복의 상관관계

우리는 인생의 대부분의 시간을 일하며 보낸다. 일은 그만큼 삶의 만족도에 직접적인 영향을 미치고 행복을 결정짓는 중요한 요소이다. 그런데 사람들은 직업을 선택할 때 이야기 속 유학생처럼 대부분 수입이 얼마나 되는지, 회사의 인지도가 얼마나 높은지를 최우선으로 보고 자신이 뭘 좋아하는지는 중요하게 생각하지 않는다. 그러나 행복한 인생을 살기 위해서는 자신이 좋아하는 일을 찾는 것이 무엇보다 중요하다. 만약 지금 하는 일에 전혀 흥미를 느끼지 못한다면 그저 정해진 순서와 방법에 따라 기계적으로 움직이는 것뿐이다. 사람은 자기가 흥미를 느끼고 좋아하는 일을 해야 매순간 즐기면서 즐겁고 활기차게 살 수 있다.

직업에는 귀천이 없다. 또한 일을 통한 자아실현이나 성공 여부는 다른 사람들과의 비교나 타인의 평가에 의해 결정되는 것이 아니다. 일은 무엇보다 본인 스스로와 가장 밀접한 관계가 있다는 사실을 알아야 한다. 남들에게 자랑하고 싶어서 어떤 직업을 선택했는데 내가 뭘 하고 사는지 아무도 관심 가져주지 않는다면 그 마음이 얼마나 공허하겠는가. 직업을 고를 때는 욕망에 흔들려 화려한 겉모습만 보고 결정해서는 안 된다. 자신이 잘하고 좋아하는 일을 찾고 그 일을 직업으로 삼는 것이 가장 이상적이라고 할 수 있다.

구름 한 점 없이 맑고 파도가 잔잔한 어느 날 아침이었다. 한 부자가 바닷가에 나왔다가 늙은 어부가 고깃배 옆에 앉아 바다를 바라보며 담배를 피우는 모습을 보게 됐다. 어부는 아주 여유롭고 만족스러운 표정을 짓고 있었다. 부자가 어부에게 다가가 물었다.
"이렇게 날씨가 좋은데 왜 앉아서 담배만 피우고 있습니까?"
어부가 반문했다.
"이렇게 날씨가 좋은데 당신은 왜 앉아서 담배를 피우지 않습니까?"
부자는 어부가 자신의 말을 이해하지 못한 것 같아 다시 한 번 말했다.
"이렇게 날씨가 좋을 땐 담배만 피우고 있으면 안 된단 말이에요!"
어부가 다시 물었다.
"그럼 뭘 합니까?"
"당연히 나가서 고기를 잡아야죠."
"나는 아침 일찍 바다에 나가서 벌써 며칠은 충분히 먹을 만큼의 고기를 잡았소."

부자가 고개를 저으며 말했다.

"그럼 다시 나가서 더 많은 고기를 잡아야죠."

"그런 다음에는?"

"매일 그렇게 많은 고기를 잡아야죠."

"그런 다음에는요?"

"그렇게 잡은 고기로 돈을 많이 벌면 새 배를 한 척 사고요."

"또 그런 다음에는?"

"더 많은 돈을 벌어서 배를 여러 척 사고……."

어부가 부자의 말을 끊고 물었다.

"그런 다음에는 또 뭘 하오?"

"그렇게 해서 크게 성공하면 바닷가에 여유롭게 앉아 담배를 피우며 인생을 즐기는 거죠."

어부가 웃으며 부자에게 물었다.

"당신은 내가 지금 뭘 하고 있는지 안 보이시오?"

부자는 더 이상 아무 말도 하지 못했다.

많은 사람들이 이야기 속의 부자처럼 더 많은 돈과 명예를 얻기 위해 매일 바쁘게 일한다. 하지만 자신이 도대체 무엇 때문에 돈과 명예를 얻고자 하는지 모르는 경우가 많다.

인생을 허송세월하면 안 되겠지만, 그렇다고 눈코 뜰 새 없이 바쁘게 살아야 온전히 충실한 삶이라고는 볼 수 없다. 즐거움은 부나 명예와 정비례하지 않는다. 이미 살아가는 데 필요한 것을 충분히 얻었다면 바다를 보며 담배 한 대 피우는 여유를 즐길 줄도 알아야 한다. 그러다 보면 은행 잔고나 고깃배의 크기가 곧 행복의 크기는 아니라는 걸 깨닫게 될 것이다.

부자의 말은 행복하게 살기 위해서 더 힘들게 일하고 휴식을 얻기 위해서 더 바쁘게 움직이라는 뜻이다. 그러나 이는 모두 탐욕에서 비롯된 생각이다. 그가 아무리 큰돈을 벌었다 한들 그런 팍팍한 태도로는 어부가 느끼는 인생의 행복은 경험하지 못할 것이다. 여유롭게 앉아 담배를 피우겠다는 희망을 먼 미래에 성공을 거둔 후에나 할 수 있는 일로 여겨서는 안 된다. 지나친 욕망을 버린다면 어부처럼 언제든 그 희망을 실현할 수 있다. 진정한 부자는 바로 마음이 즐거운 사람이다.

돈을 아주 많이 벌거나 대단한 업적을 세워야만 인생이 행복해지는 건 아니다. 단순하고 소박한 삶에서 즐거움을 찾을 때 진정한 행복을 누릴 수 있다. 욕망을 만족시키는 것으로 공허함을 채우려 하지 않는다면, 즐거운 산책을 하듯 차분한 마음으로 인생을 살아갈 수 있다.

운명의 갈림길

성공한 사람들은 적극적이고 긍정적인 마음가짐으로 자신의 인생을 개척해나가지만 실패한 사람들은 지나간 일들로 괴로워하고 온갖 근심과 걱정에 인생을 지배당한다. 행복한 사람들은 어려운 일이 생겨도 웃음을 잃지 않고 그 일을 극복해나가지만 자신이 불행하다고 믿는 사람들은 아직 일어나지도 않은 일에 비관하고 괴로워한다.

"자신의 인생을 지배하지 않으면 인생이 당신을 지배하게 된다. 당신의 마음가짐이 누가 마부이고 누가 말인지를 결정한다."는 격언처럼 인생을 좌우하는 것은 외부의 요소가 아니라 바로 나 자신의 마음가짐이다. 일을 할 때 혹은 일상생활에서의 마음가짐이 사업의 성공과 삶의 질을 결정한다는 뜻이다.

갑, 을, 병, 정 네 사람이 같은 날 황천길에 오르게 되었다. 그들은 길을 따라 가다가 갈림길을 만났는데 왼쪽으로 가야 할지, 오른쪽으로 가야 할지 몰라 망설이고 있었다. 그때 하얀 옷을 입은 사람이 그들 앞에 나타나 이렇게 말했다.

"이곳에 오신 것을 환영합니다. 이제 당신들을 새로운 집으로 안내해드리지요. 이곳에는 두 갈래 길이 있습니다. 한쪽은 아름다움으로 가득한 천국으로 가는 길이고, 다른 한쪽은 절망과 비참함으로 가득 찬 지옥으로 가는 길입니다. 반드시 한 명씩 순서대로 길을 가고 일단 목적지에 다다르면 영원히 거기 머물러야 합니다. 그렇다고 너무 겁먹지 마십시오. 결과는 오로지 당신에게 달렸기 때문입니다. 스스로 바르고 정직하게 살았다고 생각하면 자신감을 갖고 당당히 앞으로 나가십시오."

첫 번째로 갑이 출발했다. 그는 오른쪽 길을 선택했지만 얼마 가지 않아 구름이 잔뜩 끼고 음산한 기운이 돌자 다시 돌아와 왼쪽 길로 갔다. 하지만 그곳은 방금 전 길보다 더 무서운 기운이 감돌았고 결국 갑은 출발점으로 다시 되돌아왔다.

을은 오른쪽 길을 선택했다. 그는 캄캄하고 음산한 길을 용기 있게 지나가 아름답고 평화로운 곳에 도착했다. 그리고 자신이 천국에 왔다고 믿으며 그곳에 영원히 머물렀다.

병은 왼쪽 길을 선택했다. 그는 출발하기 전에 무슨 일이 있어도 한 번 선택한 길을 끝까지 가겠다고 다짐했다. 그 길은 소름이 끼칠 만큼 무섭고 끔찍했지만 병은 자신의 다짐을 되새기며 계속 앞으로 걸어갔다. 목적지에 다다르자 그곳에는 '지옥'이라는 현판이 붙어 있었다. 깜짝 놀라 뒤돌아봤지만, 지금껏 그가 걸어온 길들이 모두 사라져버리고 없었다. 정은 어느 길로 가야 할지 몰라 고민만 하다가 결국 그 자리에 멈춘 채 출발하지 못했다.

한편 병이 도착한 지옥은 어둡고 무시무시한 곳이었다. 사람들은 모두 공포에 떨고 있었고 병에게 아무 희망도 없는, 저주 받은 곳이라고 말했다. 하지만 병은 자신이 평생 착하고 올바르게 살았으니 지옥에 떨어졌을 리 없다고 믿었다. 그는 긍정적인 마음으로 사람들을 불러 모아 모든 것을 바꿔나가기 시작했다. 그리고 얼마 후 무시무시했던 지옥은 놀랍게도 아름다운 천국으로 바뀌었다. 그때 하얀 옷을 입은 사람이 다시 나타나 다른 세 사람의 운명을 알려줬다.

"을은 자신이 천국이라고 믿는 곳에서 편안하게 살고 있습니다. 하지만 그는 목적지에 도달하지 않았으니 앞날이 어떻게 될지 모릅니다. 갑과 정은 아직도 배회하며 하늘에 천국을 선택할 수 있게 해달라고 빌고 있습니다. 사실 진정한 지옥에 있는 사람은 바로 그들이지요."

병이 물었다.

"그럼 제 앞날은 이제 어떻게 되는 거죠?"

하얀 옷을 입은 사람이 대답했다.

"알 수 없습니다."

그의 대답에 병은 잠시 두려움을 느꼈지만 이내 기뻐했다. 자기가 모든 것을 창조할 기회가 생겼기 때문이다. 하얀 옷을 입은 사람이 떠나고 병은 즐거운 발걸음으로 새로운 삶을 향한 여정에 올랐다.

인생을 살다 보면 수많은 갈림길을 마주하게 되고 일단 갈림길에 도착하면 반드시 선택을 해야 한다. 사실 왼쪽 길을 선택하든 오른쪽 길을 선택하든 그 길의 끝에 무엇이 우리를 기다리고 있는지는 알 수 없다. 그곳이 지옥이 되느냐, 천국이 되느냐는 우리 자신에게 달렸다.

운명은 생각에 따라 달라질 수 있다. 아무리 힘든 상황에서도 희망을 갖고 노력한다면 지옥을 천국으로 바꿀 수 있다. 그러나 주저하고 앞으로 나아가지 못한다면 영원히 지옥에 머무르게 된다. 인생은 거울과 같다. 거울을 보고 웃으면 웃음으로 화답하고, 거울을 보고 울면 울음으로 답한다는 점에서 말이다. 살면서 어떠한 시련을 만나든 웃음을 잃지 않을 수 있다면 행복은 영원히 우리의 손 안에 있다.

누군가를 사랑할 때는 인연이 닿았기 때문에 만난 것이고

애정이 있기 때문에 계속 함께하는 것이다.

또한 격렬하게 사랑하다가 서로에 대한 감정이 점점 무뎌지고

평범해지는 것도 다들 한 번은 거치는 과정이다.

사람을 바꾸고, 방식을 바꾼다고 해서 달라지는 문제가 아니다.

5장

―

지금 내 곁에
있는 것들의 소중함

사 소 한 것 들 로 부 터 의 위 로

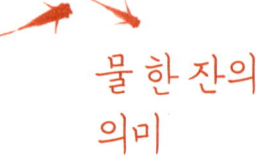

물 한 잔의 의미

"평범한 인생은 싫어. 아무리 많은 곳을 떠돌아다녀도 마음속의 열정을, 미래에 대한 집착을 다 잠재울 수는 없네." 인기 가수 톈전[田震]의 '집착(執著)'이라는 노래의 한 구절이다. 이 노래 가사처럼 사람들은 평범한 인생을 거부하고 특별하게 살고 싶어한다.

심지어 어떤 사람들은 너무 평범하다는 이유로 행복한 결혼 생활을 마다하고 계속 밖으로 나돌고 외도를 일삼는다. 이들은 특별함에 대한 집착 때문에 평범한 가정이 얼마나 소중한지 모르고 결국 바깥 세상의 유혹에 두 눈이 멀고 만 것이다.

신은 사람이 태어날 때 삶이라는 깨끗한 물을 한 잔씩 준다고 한다. 삶은 이 한 잔의 물처럼 본래 아무 맛도 나지 않는데, 각자의 생활 방식과 인생 목표 그리고 마음가짐에 따라 여러 가지 맛이 더해진다는 의미이다. 하지만 아무리 다양한 맛을 더한다고 해도 삶의 본질을 바꿀 수는 없다. 인생에 대한 지나친 집착을 내려놓고 삶이라는 물이 지닌 본래의 맑고 깨끗한 맛을 느낄 수 있다면 평범함 속에서 행복을 찾는 방법을 깨닫게 될 것이다.

결혼한 지 오래된 한 쌍의 부부가 있었다. 서로에 대한 감정이 무뎌지고 사는 게 재미없어진 두 사람은 기분 전환 삼아 여행을 떠나기로 했다. 여행지의 경치는 눈부시게 아름다웠지만 부부는 여전히 서로에게 무관심했고 며칠 동안 단 한마디도 나누지 않았다. 그러던 중 어느 숲속에서 현자를 만나게 되었고 부부는 도움을 요청했다.
"남편은 여행하는 내내 제게 말을 한마디도 건네지 않았어요. 예전에는 안 그랬는데 말이죠."
아내가 원망스러운 눈빛으로 남편에 대해 말했다.
"침묵이 없는 사랑은 깊은 사랑이라고 할 수 없습니다."
현자가 대답했다.
"하지만 저 사람은 심지어 제게 사랑한다고 한 번도 말한 적 없어요."
"어떤 사람들은 늘 사랑한다고 말하지만 그것이 진심인지 늘 의심하는 사람들도 있죠."
현자는 꽃들이 가득 핀 들판을 가리키며 말했다.
"대자연은 자신이 사랑받고 있는지 확인하려 하지 않아요. 하지만 저렇게 아름답게 핀 꽃들을 보면 신께서 그들을 얼마나 사랑하시는지 알 수 있답니다."

우리 주변에도 이들처럼 예전의 뜨겁던 감정이 사라지고 사는 게 재미없다고 불평하는 부부들이 있다. 그런 감정을 숨기고 조용히 참는 사람도 있지만, 마음속의 불만을 여지없이 표현해서 상대를 괴롭히는 사람도 있다. 심지어 어떤 이들은 상황을 바꿔보겠다고 행복을 깨트리는 행동들을 하기도 한다.

두 사람이 함께한 세월이 길어지다 보면 처음에 느꼈던 설렘이 사라지고 신혼 때처럼 깨가 쏟아지거나 낭만적이지도 않다. 아무 맛도 없는 맹물 같아지는 것이다. 하지만 그렇다고 두 사람 사이에 사랑이 모두 사라진 것은 아니다. 다만 방식을 바꾸어 존재하는 것뿐이다. 이를 깨닫지 못하고 어떻게든 지금의 생활을 바꿔보겠다고 애쓰다 보면 남아 있던 삶의 물마저 잃어버린다. 그때가 돼서야 평범하게 사는 것이 얼마나 소중한지 깨닫는다 한들 다 무슨 소용일까?

조용한 들판 위에 아름다운 꽃들이 가득 피어나듯 평범한 삶 속에 아름다운 사랑이 숨어 있는 법이다. 그 사실을 받아들이려 노력한다면 곳곳에 숨어 있는 사랑도 발견할 수 있을 것이다.

> 죽거나 살거나 만나거나 헤어지거나(死生契闊 사생계활)
> 그대와 함께하자고 약속했네(與子成說 여자성설).
> 그대의 손을 잡고서(執子之手 집자지수)
> 그대와 함께 늙자고 말일세(與子偕老 여자해로).[1]

---

1 『시경(詩經)』「패풍(邶風)」의 '격고(擊鼓)' 중 한 부분.

『시경』[2]에 나오는 시들 중 이 구절을 가장 좋아해서 대학생 때 일기장에 써놓고 매일 읽어온 여자가 있었다. 그녀가 꿈꾸는 사랑은 바로 이런 것이었다.

하지만 남편은 결혼 후에는 물론, 연애할 때조차 손을 잘 잡아주지 않았다. 길을 걸을 때면 언제나 남편이 앞서가고 그녀가 뒤따라갔다. 때로는 그녀가 먼저 손을 잡기도 했지만 남편은 아무런 감흥이 없는 듯했다. 그녀는 남편이 자신을 진심으로 사랑하는지 의심이 들었다.

어느 날 두 사람이 장을 보기 위해 집을 나섰고 그날도 남편은 그녀보다 조금 앞서서 길을 걸었다. 그녀가 따라가 손을 잡으려고 하자 남편이 뿌리치며 말했다.

"남사스럽게 왜 이래?"

아내는 남편의 태도에 화가 나고 자존심이 상했다. 그래서 혼자 집에 돌아가기 위해 횡단보도로 뛰어들었다. 그런데 그때 자동차 한 대가 빠르게 돌진했고 그녀는 너무 놀라 피할 수가 없었다. 순간 남편이 날아오르듯 뛰어들어 그녀를 구해냈다. 자동차 주인은 급브레이크를 밟아 차를 세우고는 창문을 내려 욕설을 퍼부었다.

아내는 어느 순간 자신을 꼭 끌어안고 있는 남편을 봤다. 그의 얼굴은 창백했다. 남편은 이내 왜 어린아이처럼 구냐고 그녀에게 화를 내기 시작했다. 말로는 나무랐지만 그 순간 아내는 남편의 깊은 사

---

2 주(周)나라 초기부터 춘추 시대 초기까지의 민요를 중심으로 모은 중국에서 가장 오래된 시집. 크게 풍(風), 아(雅), 송(頌) 셋으로 구분되며 오늘날 삼백다섯 편이 전해지고 있다.

랑을 느낄 수 있었다. 그리고 그동안 잊고 있던 남편이 보여준 소소한 배려들이 생각났다. 예전에 만원 버스 안에서 남편은 넓은 어깨로 그녀가 편히 서 있을 수 있는 공간을 만들어줬다. 장을 볼 때면 무거운 짐을 말없이 들어줬고 집에 망가진 곳이 있으면 그녀가 신경 쓰지 않도록 얼른 고쳐놓았다.

아내는 "그대의 손을 잡고서 그대와 함께 늙자고 말일세."라는 구절이 서로를 아끼고 사랑하는 마음으로 언제나 상대를 응원하며 살아가야 한다는 뜻임을 그제야 깨달았다.

여자들은 특히 사랑에 있어서 너무 많은 것을 생각하고 사랑이 언제나 완벽하고 이상적이기만을 바란다. 하지만 이러한 심리는 곁에 있는 사람과 현재의 행복에 더 소홀하게 만들 뿐이다. 프랑스 조각가 오귀스트 로댕(Auguste Rodin)은 이런 말을 남겼다. "우리 삶의 아름다움이 부족한 것이 아니라 우리가 아름다움을 발견하는 능력이 부족한 것이다."

결혼 생활이 너무 평범하고 권태롭다고 느낀다면 그건 서로에 대한 사랑이 부족해서가 아니라 사랑을 발견하는 능력이 부족해서이다. 그러니 조금만 관심을 기울인다면 아주 사소한 것에서 서로를 위한 따뜻한 사랑을 발견할 수 있을 것이다. 몸이 아플 때 약을 사다줬던 일, 날씨가 추울 때 자신의 외투를 벗어주었던 일, 잔소리를 할 때 묵묵히 듣고 있었던 일, 나를 망가뜨리는 나쁜 습관에 대해 잔소리하고 화를 냈던 일들까지도 말이다.

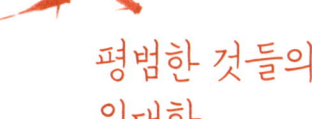
평범한 것들의 위대함

　사람의 부정적인 심리는 평범한 것을 거부하고 특별하고 뛰어나고자 하는 욕심에서 비롯한다. 이러한 욕심은 더 나은 삶을 만들기 위한 동력이 되기도 하지만 사실 부정적인 영향이 훨씬 크다. 무엇보다 마음의 평온을 깨트려 현재의 삶을 즐기지 못하고 무엇인가 늘 불만족한 상태에 놓이게 한다.

　예를 들면 직업을 자주 바꾸는 젊은이들이 있다. 그들의 머릿속은 늘 미래에 대한 환상으로 가득하고 성공을 동경한다. 하지만 이러한 생각 때문에 무슨 일이든 며칠 하고 나면 단순하고 재미없다는 이유로 쉽게 그만둬버린다. 또 마음이 공허하고 인생이 재미없다며 끊임없이 자극이 될 만한 일들을 찾는 사람들도 있다.

　누군가를 사랑할 때는 인연이 닿았기 때문에 만난 것이고 애정이 있기 때문에 계속 함께하는 것이다. 또한 격렬하게 사랑하다가 서로에 대한 감정이 점점 무뎌지고 평범해지는 것도 다들 한 번은 거치는 과정이다. 이는 사람을 바꾸고, 방식을 바꾼다고 해서 달라지는 문제가 아니다.

그러므로 현재 삶이 너무 무미건조하다고, 또는 곁에 있는 사람이 애정이 부족한 것 같다고 원망해봤자 무슨 소용이 있을까? 우리 모두는 단지 평범한 사람들이므로 흐르는 물처럼 단순하게 살아야 자연스럽다. 그렇게 보면 평범한 인생이 가장 아름답고 진실하다. 우리가 평범하게 살기를 원한다면 즐거움과 행복은 더욱 쉽게 찾을 수 있을 것이다.

누구도 부러워하지 않을 정도로 불행한 삶을 사는 여자가 있었다. 어렸을 때 어머니가 세상을 떠나고 폐품을 줍는 아버지 밑에서 삼남매가 함께 크느라 형편은 말할 것도 없이 어려웠다. 게다가 그녀는 삼남매 중 맏이였기 때문에 어려서부터 자연스럽게 아버지 일을 거들었다. 학교를 다닐 때도 언제나 일과 공부를 병행해야 했다. 또 동생들을 위해 우수한 성적에도 불구하고 대학 진학을 포기하고 일찍 직업 전선에 뛰어들었다.

결혼 후에도 여자의 삶은 순탄치 않았다. 이번에는 시어머니가 큰 병에 걸려 오랫동안 병수발을 들어야 했다. 이후 시어머니는 병이 완치되었으나 반신불수 상태가 됐다. 그녀의 남편은 시골 초등학교 선생님이었는데 수입이 그리 많지 않았다. 그녀는 학력이 낮았기 때문에 일자리도 쉽게 구해지지 않아 남편의 학교에서 보조 교사 밖에 할 수 없었다.

두 사람의 수입으로는 식구들을 모두 먹여 살리기 부족해지자 그녀는 버려진 땅을 찾아 농사를 짓기 시작했다. 학교 수업이 끝나면 그녀는 밭에 나가 일을 했고 수확한 채소들 중 가족들이 먹을 분량을 제외하고는 모두 시장에 내다 팔았다. 저녁 늦게 돌아와서도 그녀는 편히 쉴 수 없었다. 학교 수업 준비도 해야 했고 늙은 시어머니와 어린 자식들도 돌봐야 했기 때문이다.

하지만 언제 어디서 누구를 만나든 그녀는 늘 환하게 웃었다. 그리고 그렇게 바쁘게 살면서도 자신의 일과 공부를 조금도 소홀히 하지 않았다. 그녀가 가르치는 학생들은 언제나 좋은 성적을 거두었고 그녀 자신도 정식 교사 시험에 응시해 일등으로 합격했다.

누군가 그녀에게 삶이 고되고 힘들지 않느냐고 물으면 그녀는 웃으며 이렇게 대답한다.

"네, 늘 바쁘고 힘들기는 하지만 전 제 삶에 굉장히 만족해요. 매일 가족들과 둘러앉아 밥을 먹을 수 있고, 학교에서는 아이들의 반짝반짝 빛나는 눈망울을 볼 수 있고, 또 밭에 나가면 싱싱한 채소들을 수확할 수 있으니 전 정말 행복하답니다."

사실 우리 삶의 본모습은 아주 평범하다. 형형색색의 화려한 자극, 성취감, 시련으로 인한 고통 등은 모두 공허하고 일시적인 감정들이다. 가장 진실한 것은 지금 이 순간 열심히 일하고 가족들과 둘러앉았을 때 공유할 수 있는 감정이다.

  지금보다 더 나은 삶을 추구하는 것은 개인의 자유이다. 하지만 그래서 처한 현실을 부정하고 원망하라는 뜻은 아니다. 내 팔자는 왜 이렇게 사나운 것인지, 왜 결혼하자마자 시어머니가 병에 걸려 반신불수가 되었는지, 남편 월급은 왜 이렇게 쥐꼬리만 한지 원망해봤자 아무런 도움이 되지 않는다. 오히려 이야기 속 그녀처럼 가족들과 둘러앉아 밥을 먹는 시간, 아이들의 빛나는 눈망울, 열심히 일해 거둬들인 수확을 소중하게 생각할 수 있어야 만족과 행복을 느낄 수 있다.

사랑하는 것을 선택하고,
선택한 것은 사랑하라

첫눈에 반한 사랑은 낭만적이기는 하지만 행복한 결혼 생활을 보장하지는 않는다. 첫눈에 반해 급하게 결정한 결혼은 위험한 모험이다. 운이 나쁘면 성품이 나쁜 사람한테 속아 자신은 물론 가족에게도 마음의 상처를 남길 수 있다. 운이 좋아 백마 탄 왕자님을 만난다고 해도 성격 차이 등 여러 가지 문제에 부딪힐 가능성이 얼마든지 있다.

결혼은 흐르는 물과 같다. 이 물줄기는 잠시 파도가 일더라도 이내 잠잠해지기 마련이다. 잠깐의 신선함과 충동으로 결혼한 두 사람이 계속 행복을 유지하기 위해서는 서로를 이해하고 포용할 수 있어야 하고 결혼 생활에 대한 책임감을 가져야 한다. 그런데 연애 기간이 너무 짧으면 상대방을 완전히 이해할 수 있는 시간이 부족하고, 그렇게 결혼을 해서 상대방의 본모습을 발견하면 사랑에 대한 환상이 모두 깨져버린다. 이때 당초 서로를 사랑한다던 얕은 감정은 실망의 공격을 이겨내기에는 역부족이다.

　물론 인생에는 수많은 변수가 있다. 오랜 연애 끝에 결혼했다고 해서 모두 행복하게 잘 사는 것은 아니다. 하지만 오랜 시간 함께하다 보면 서로를 이해할 시간이 더 많아지고 결혼 직후 서로에게 적응하는 과정에서 시행착오를 줄일 수 있다. 또 일부 나쁜 의도를 가지고 접근하거나 사랑을 진지하게 생각하지 않는 사람과 결혼하는 실수를 범하지 않을 수 있다.

　　허팡은 어려서부터 백마 탄 왕자님을 만나 결혼하는 것이 꿈이었다. 부모님 역시 그녀가 좋은 집안에 시집가 행복하게 살기를 바랐다.
　　어느 날 허팡은 젊은 사업가를 만났는데 집도 있고 차도 있고 심지어 잘생기기까지 한 남자였다. 그는 허팡에게 적극적으로 구애했고 만난 지 얼마 지나지 않아 청혼했다. 그녀는 자신의 천생연분을 만난 것 같다며 기뻐했고 남자의 온갖 달콤한 말들에 넘어가 불과 며칠 만에 결혼을 약속했다.
　　두 사람은 친구와 직장 동료들을 불러 조촐한 결혼식을 올렸다. 그런데 남자는 무슨 이유에서인지 혼인신고는 당분간 하지 않겠다고 하는 게 아닌가. 대신 허팡을 안심시키기 위해 그녀의 이름으로 된 아파트를 사주었고 두 사람은 행복한 신혼 생활을 보냈다.
　　얼마 후 허팡은 임신을 했고 검사 결과 쌍둥이라는 사실을 알게 되었다. 남자는 굉장히 기뻐했으며 그전보다 더 자상히 그녀를 챙겨줬다. 하지만 어느 날 남자는 소리 소문 없이 사라져버렸다. 허팡은 사방으로 수소문했지만 그를 찾을 수 없었다. 그녀는 그제야 그가 어디 사람이고, 부모님은 어디에 계시는지조차 모른다는 사실을 깨달았다. 처음에는 남자에게 무슨 일이 생긴 것은 아닌지 걱정했지만 시간이 지나자 자신이 남자에게 철저히 속았다는 걸 깨달았다. 그녀는 너무나 절망한 나머지 자살을 생각했지만 뱃속에 두 아이 때문에 차마 그럴 수는 없었다. 그나마 자신의 이름으로 된 아파트가 있으니 이곳에서 아이들을 키우며 살 수 있어 다행이라고 생각했다. 그런데 아이들이 태어나기 한 달 전, 갑자기 집주인이라는 사람이 찾아와 집을 비워달라고 요청했다. 허팡은 자신의 이름으로 된 부동산 계약서를 보여줬지만 이내 그것이 가짜라는 사실을 알게 되었다.

만약 충동적이지만 사랑에 빠져 결혼했다가 실패했다면 상처는 남을지언정 진정한 사랑을 찾으려다가 그랬으니 후회는 덜 할 것이다. 하지만 물질적인 것에 눈이 멀어 섣불리 결혼을 했다가 상대가 처놓은 함정에 빠진다면 평생 후회로 얼룩진 인생을 살게 될지도 모른다.

중국에서는 젊은이들이 만난 지 얼마 되지 않아 단시간에 준비해서 결혼하는 풍조를 '샨훈[閃婚]', 다시 말해 '번개 결혼'이라고 부른다. 번개 결혼을 하는 사람들 중 대부분은 물질적인 이익 때문에 서둘러 결혼하려고 한다. 그들은 지금보다 더 풍족한 생활을 위해 결혼을 재물로 삼는다. 더 좋은 집에 살고, 더 좋은 차를 타면 행복할 거라고 생각하지만 대부분의 경우 꿈꾸던 행복을 얻지 못할 뿐만 아니라 훨씬 더 불행한 인생을 산다.

'결혼은 두 번째 탄생'이라는 말이 있을 정도로 인생에서 중요한 문제이다. 그래서 두 남녀의 진실한 사랑이 바탕이 돼야지 물질적인 조건이 지나치게 강조되어서는 안 된다. 행복한 결혼 생활은 돈의 많고 적음과 집의 크기로 결정되는 것이 아니라 부부가 얼마나 서로를 존중하고 사랑하는지에 달려 있다.

외모나 재산 등 부가적인 조건들에 눈이 멀어 상대의 인품이나 성격 등을 제대로 보지 못한다면 결혼의 의미를 제대로 이해하지 못한 것이다. 이런 사람들은 허광처럼 화려한 겉모습과 감언이설에 속아 넘어가 결국 모든 것을 잃게 될 가능성이 높다. 허광의 사례는 결혼에 있어서 물질적인 것을 지나치게 중시하는 이들이 자신을 돌아보는 거울로 삼을 만하다.

> 리전은 얼마 전, 몇 년 동안 사귀어온 여자친구로부터 이별 통보를 받았다. 갑작스러운 실연에 절망하고 괴로워하던 그의 앞에 어느 날 로웨이가 나타났다. 그녀는 리전의 어두운 마음속을 밝게 비춰주는 한 줄기 빛 같았다.
> 로웨이는 어리고 아름다웠으며 늘 생기가 넘쳤다. 그녀는 리전의 아픔을 위로하고 용기를 북돋아줬다. 로웨이로 인해 리전은 자신감을 되찾았고 자신보다 한참이나 어린 그녀와 사랑에 빠졌다. 두

사람은 한 달도 되지 않아 혼인신고를 마쳤고 리전은 자신의 진심을 보여주기 위해 신혼집을 로웨이 명의로 바꿨다.

그런데 결혼 후 로웨이의 태도가 점점 냉담해졌다. 결혼 전의 따뜻하고 온화했던 모습은 온데간데없고 친구들과 놀다가 밤늦게 들어오기 일쑤였다. 어느 날 리전은 직장 동료로부터 로웨이가 술집에서 젊은 남자들과 자주 어울려 논다는 얘기를 들었다. 리전이 이 일을 로웨이에게 따져 묻자, 그녀는 친구들과 마음대로 놀지도 못하냐며 불같이 화를 냈다.

두 사람은 나이 차이가 많이 나는 만큼 생각하는 방식도 달랐던 것이다. 로웨이의 개방적인 태도를 리전은 이해할 수 없었고, 리전의 보수적인 태도를 로웨이는 답답해했다. 그들은 결혼한 지 반년도 채 되지 않아 이혼했다. 리전은 이혼으로 하나뿐인 집을 잃었고 더 이상 사랑을 믿지 못하게 되었다.

사실 이 두 사람의 경우 감정적으로 잘못된 점은 없다. 리전과 로웨이가 결혼 전후에 느낀 감정 변화는 자연스러운 것이므로 잘못된 것이 있다면 결혼에 대한 두 사람의 태도가 너무 경솔했다는 점이다. 실연에 상처받은 리전은 결혼을 '진통제'로, 로웨이는 '재미있는 모험'쯤으로 생각하고 섣부른 결정을 내렸다. 그래서 결혼 생활에 문제가 생겼을 때 두 사람 모두 해결해보려는 노력도 없이 너무나 쉽게 포기해 버린 것이다.

번개 결혼을 하는 사람들은 연애하는 데 시간을 낭비하기 싫다는 이유로 결혼을 서두르고, 문제가 생기면 또다시 서로의 시간을 낭비하지 말자는 이유로 서둘러 헤어진다. 세상이 결혼에 대해 얼마나 관대해졌든 결혼이라는 것은 절대 경솔하게 이루어질 수 없다. 실패한 결혼은 누구에게나 정신적으로 막대한 손실을 초래하기 때문이다. 단순히 경제적인 손실만이 아니라, 그로 인해 입은 시간적·감정적 손실은 마음속에 짙은 그림자를 드리워 앞으로의 인생에 큰 장애물이 된다.

우리가 결혼을 하는 이유는 행복을 찾기 위해서이다. 또 언제든 상대로부터 마음의 위안을 얻고 세상 풍파에 당당하게 맞설 수 있는 용기를 얻기 위해서이다. 그런데 오늘 번개처럼 만났다가 내일 번개처럼 헤어지는 결혼에서 어떻게 행복을 찾을 수 있을까?

내가 사랑하는 것을 선택하고, 내가 선택한 것은 사랑해야 한다. 결혼할 때는 충분한 시간을 두고 신중하게 생각해 결정하고, 이혼할 때는 상대에게 조금 더 너그러운 마음으로 문제를 해결하도록 노력해야 한다.

이혼식당의
메인 요리

"이렇게 사는 건 지긋지긋해! 우리 이혼해!"

"당신은(나는) 더 이상 나를(당신을) 사랑하지 않는 것 같아. 우리 이혼해!"

"미안해. 난 그녀와 있을 때 더 행복한 것 같아. 이혼해줘."

이처럼 말다툼을 하다가 화가 났을 때, 서로에 대한 감정이 식었다고 느낄 때, 다른 사람에게 마음이 흔들릴 때 사람들은 충동적으로 이혼을 말한다.

시대가 바뀌면서 전통적인 결혼관에 대한 사람들의 인식도 크게 달라졌다. 요즘 사람들은 결혼하면 평생 함께 살아야 한다는 생각이 구시대적인 관념이라고 생각한다. 대신 사랑하지 않으면 억지로 함께

할 필요가 없고, 서로 맞지 않으면 헤어지는 편이 낫다고 생각한다. 이제는 이혼이 너무나 흔한 일이 되었고 어떤 사람들은 가정법원을 제 집인 듯 들락거린다. 이런 우스갯소리가 생겨날 정도이다.

이혼을 밥 먹듯 하는 부부가 있었는데 그들은 불과 열흘 동안 가정법원을 여덟 번이나 찾아왔다. 어느 날 그들이 들어서는 것을 본 직원이 웃으며 이렇게 말했다고 한다.
"어서 오세요. 오늘도 이혼하러 오셨군요."

그런데 과연 이혼이 문제를 해결하는 유일한 방법일까? 또는 괴로운 현실에서 벗어나 새로운 인생을 시작할 수 있는 최선의 방법이 될 수 있을까?

이혼은 두 사람 사이에 생긴 근본적인 문제를 해결하는 데 아무런 도움이 되지 않을 뿐더러 또 다른 문제를 야기한다. 결혼은 언제든 원하면 그만두고 새로 시작할 수 있는 카드게임 같은 것이 아니다. 결혼에 있어서 지금 하고 있는 게임을 그만두고 새로 시작한다는 것은 엄청난 대가가 따른다. 그것은 그동안 결혼 생활에 바친 시간, 노력, 감정 그리고 다시 돌아오지 않는 청춘일 수도 있고 서로의 가슴속에 남긴 상처 또는 가족들에게 남긴 상처일 수도 있다. 아래 이야기 속 부부의 이야기를 함께 읽어보자.

결혼 십 년 차 부부가 있었다. 이 부부는 서로에게 더 이상 아무런 감정도 남아 있지 않다는 이유로 이혼을 결심했다.

부부는 가정법원에 이혼 서류를 접수하고 난 후 마지막으로 함께 밥을 먹으러 갔다. 그들이 도착한 식당 이름은 '이혼 식당'이었다. 부부가 조용한 방으로 들어가 자리에 앉자 종업원이 메뉴판을 들고 들어왔다. 두 사람은 서로 먹고 싶은 것을 고르라고 메뉴판을 양보했다. 그때 종업원이 말했다.

"손님, 저희 식당에는 규칙이 있습니다. 두 사람 모두 상대가 가장 좋아하는 음식을 주문해주시는 겁니다."

그러자 아내가 말했다.

"알겠습니다. 그럼 생선찜 하나, 버섯볶음, 목이버섯 무침으로 할게요. 음식에 마늘이나 생강은 절대 넣어주지 말아주세요. 저희 남편이, 아니 '저분'이 싫어하시거든요."

종업원이 남편에게 물었다.

"선생님은 무엇을 주문하시겠습니까?"

남편이 갑자기 당황한 기색을 보였다. 결혼한 지 십 년이나 지났는데 아내가 어떤 음식을 좋아하는지 몰랐기 때문이다. 그는 아무 말도 하지 못한 채 난처해했다. 그러자 아내가 서둘러 상황을 정리했다.

"그냥 제가 주문할 걸로 주세요. 저희 둘 다 좋아하는 음식이에요."

종업원이 웃으며 말했다.

"사실 이혼하시고 저희 식당을 찾은 많은 부부들이 직접 고른 음식을 차마 못 먹고 가는 경우가 많답니다. 그러니 저희가 준비한 음식들로 한번 드셔보시죠. 먼저 음료를 한 잔씩 드리겠습니다."

종업원이 잠시 나갔다가 음료 두 잔을 들고 들어왔다. 한 잔은 짙은 붉은색의 따뜻한 음료였고 다른 한 잔은 옅은 파란색의 시원한 음료였다.

"저희는 이 음료수를 '뜨거운 불꽃'과 '잔잔한 바다'라고 부릅니다. 천천히 맛보세요."

종업원이 나간 후 두 사람은 서로의 얼굴만 멋쩍게 쳐다볼 뿐 아무도 말을 꺼내지 않았다. 얼마 후 종업원이 장미 꽃 한 송이가 든 쟁반을 들고 들어왔다.

"선생님, 혹시 아내 분께 처음 장미를 선물하셨던 때를 기억하시나요? 이미 두 분은 이혼하셨지만 앞으로 좋은 친구가 될 수도 있잖아요? 여기 계신 아름다운 여자 분에게 한 송이 선물하시겠습니까?"

그 순간 아내는 지난날 행복했던 기억들이 떠올라 울컥했다.

"저는 괜찮습니다."

아내가 말했다. 남편 역시 지난 십 년 동안의 기억을 떠올리다가 몇 년 전부터 아내에게 장미 한 송이 사주지 않았다는 사실을 깨달았다.

"아닙니다. 꽃을 사도록 하죠."

그러자 종업원은 쟁반에서 꽃을 들어 반으로 나눈 다음 두 사람의 음료수 잔에 각각 넣었다. 장미는 순식간에 녹아버렸다.

"이 장미는 저희 식당에서 특별히 녹말을 이용해 제작한 것으로 이름은 '석양의 아름다움'입니다."

종업원이 나가고 두 사람은 행복했던 기억들이 떠올라 마음이 조금씩 흔들렸다. 누군가 말을 꺼내려는 순간, 갑자기 불이 꺼졌다. 방 안은 온통 캄캄한 어둠 속이었고 밖에서는 요란한 경보음과 함께 누군가 이렇게 외치는 소리가 들려왔다.

"식당에 불이 났어요! 어서 비상구로 이곳을 빠져나가세요!"

"여보, 무서워요."

아내가 남편의 품에 안기며 말했다.

"너무 무서워하지 말아요. 내가 있잖소. 어서 함께 밖으로 나갑시다."

남편이 아내를 꼭 끌어안으며 말했다. 그런데 방문을 열자 식당 안은 아무 일도 없었다는 듯이 조용했다. 그때 종업원이 다가와 말했다.

"손님, 놀라셨죠? 죄송합니다. 식당에 정말로 불이 난 건 아닙니다. 다만 두 분의 진심을 알아보기 위한 일종의 시험이었죠. 이것이 저희가 준비한 메인 요리입니다. 이름은 '내면의 진심'입니다."

두 사람은 방으로 돌아와 앉았다. 방안에 불이 다시 켜지자 남편이 아내의 손을 잡으며 말했다.

"여보, 종업원 말이 맞아요. 방금 전 나는 내 진심을 알게 되었소. 내일 법원에 가서 이혼 취소 신청을 합시다."

아내가 고개를 끄덕였다. 남편은 종업원을 불렀다.

"여기 계산이요!"

종업원은 붉은색 카드 두 장을 들고 들어와 부부에게 한 장씩 나눠주며 말했다.

"저희 식당에서 마지막으로 준비한 선물입니다. '영원한 계산서'라고 부르죠. 두 분께서도 영원히 간직하시길 바랍니다."

두 사람 모두 카드를 보고 이내 울음을 터트렸다. 남편의 카드에는 이렇게 적혀 있었다.

'행복한 가정을 꾸리기 위해 두 손이 부르트도록 일하는 한 여인이 있습니다. 당신이 집에 돌아올 때까지 불을 끄지 않고 기다리는 사람, 사계절 내내 당신의 건강을 살피고, 부모님과 아이들의 건강을 돌보는 사람, 당신의 위엄을 지켜주고, 주방에서 당신을 위한 요리를 만드는 사람, 당신을 위해 아름다운 청춘을 모두 바친 사람. 그 사람은 바로 당신의 아내입니다.'

한편 아내의 카드에는 이렇게 적혀 있었다.

'두 어깨에 무거운 책임감을 짊어진 한 남자가 있습니다. 밤늦도록 가족들을 위해 힘들게 일하지만 어디에도 마음 놓고 하소연할 곳이 없습니다. 뛰어나게 잘난 사람은 아니어도 가족에 대한 마음만은 언제나 진실한 사람. 그 사람은 바로 당신의 남편입니다.'

사람들은 사랑이 식으면 상대방에 대한 마음을 표현하는 데 게을러질 수밖에 없다고 말한다. 하지만 그것은 잘못된 생각이다. 게으름에 정복당했기 때문에 결혼 후에 따뜻한 말 한마디 건네거나 경청하는 것을 게을리 하게 되고 그러다 보니 연애할 때의 뜨거운 감정이 점점 식는 것이다.

뜨거웠던 감정이 사라지고 서로에게 실망하고 나면 사람들은 이혼을 통해 새롭게 시작하고 싶어한다. 현재의 불만을 해소시키고 다시 마음에 활력을 불어넣어줄 새로운 무언가를 찾겠다는 의미이다. 하지만 자신의 마음가짐에 변화가 없다면 상대를 바꾸든 환경을 바꾸든 지금과 달라지는 것은 없다. 그래서 이혼은 새 삶을 위한 최선의 방법이 되지 못한다.

결혼은
함께 방을 꾸미는 것과 같다

어떤 사람은 결혼을 두고 신발에 빗대어 말하기도 한다. 결혼이란 신발을 신는 것과 같아서 이 사람이 나와 잘 맞는지는 당사자만 알 수 있다는 것이다. 당사자가 아닌 이상 누군가의 결혼 생활에 대해 제삼자가 함부로 평가할 수는 없다. 하지만 한 가지 확실한 점은 그 누구도 처음부터 결혼을 장난으로 생각하지는 않는다는 사실이다. 결혼을 할 때는 누구나 미래에 대한 희망으로 가득 차 있고 상대방과 함께 오래오래 행복하게 살겠다고 다짐한다. 다만 인생에 수많은 변수가 있듯이 결혼 생활도 영원히 평탄할 수만은 없다. 시간의 흐름에 따라 두 사람 사이에 해결해야 할 문제들은 점점 많아진다. 문제를 해결하는 것은 굉장히 힘들고 귀찮은 일이지만 만약 포기해버리면 더 많은 문제를 불러온다.

결혼은 사랑의 무덤이 아니라 새로운 사랑의 시작이다. 결혼 후의 사랑은 낭만과 감동이 사라졌을지는 몰라도 대신 따뜻함이 묻어난다. 그러므로 더 이상 결혼 생활을 지속할 수 없다는 생각이 들 때 충동적인 결정을 내리기보다는 지난날의 아름다웠던 기억들을 돌아보고 자신의 진심이 무엇인지 살펴봐야 한다. 결혼은 사랑의 종착역이 아니다. 아름답고 행복한 결혼 생활은 부부가 함께 소통하고 포용하며 인내하면서 만들어가는 것이다.

남자와 여자는 결혼 이후 지난 몇 년 동안 줄곧 싸우기만 하다가 이혼하기로 결심했다. 그동안에도 여러 번 이혼 얘기가 오갔지만 마음이 약해져 막상 실행하지 못했다. 하지만 이번에는 진짜였다. 두 사람은 이혼 서류 제출 날짜를 정하고 양가 부모님께 이 사실을 통보했다. 뜻밖에도 양가 부모님은 두 사람의 재산을 공평하게 절반으로 나누라고 요구했다.

"집도 없는데 자질구레한 살림은 절반으로 나눠서 뭐해요? 게다가 지난 이 년 동안 그 사람 사업이 어려워서 남은 재산도 별로 없다고요."

여자가 부모님을 설득했다.

"결혼 생활에 네 청춘을 모두 바쳤는데 그나마 있는 재산도 모두 잃고 싶은 거냐?"

부모님의 뜻도 완강했다. 남자 역시 복잡한 계산을 하고 싶지 않았지만 부모님의 뜻을 꺾을 수 없었다. 그래서 두 가족은 한자리에 모여 재산을 어떻게 나눌 것인지에 대해 상의했고 결국 경매를 열기로 결정했다.

경매는 관리사무소장의 주최로 열렸다. 두 사람은 초반에 별다른 의견이 없었다. 마음에 입은 상처를 생각하면 그까짓 재산을 잃는 것은 아무것도 아니라고 생각했기 때문이다. 하지만 가족들은 하나라도 더 가져오기 위해 악착같이 매달렸다. 집안 물건들에 남자와 여자의 이름표가 하나씩 붙여지기 시작했다.

그동안 줄곧 침묵하던 두 사람은 어디에선가 나온 CD 한 장에 말문을 열었다. 그것은 두 사람이 결혼하기 전에 나체로 찍은 결혼사진이었다. 여자는 헤어지는 마당에 그런 사진을 남자 쪽에 남겨둘 수 없다며 가져오려고 했고 남자는 기념으로 남겨야 한다며 뺏기지 않으려고 했다. 천 위안에서 시작된 경매는 금세 금액이 오만 위안까지 올라갔다. 하지만 여자가 애처로운 눈빛을 보내자 남자가 포기했다. 계속해서 두 사람의 추억이 담긴 물건들이 계속 경매에 올라왔고 남자와 여자는 치열하게 대립하다가도 누군가 먼저 양보해줬다. 거의 모든 물건의 주인이 결정되고 마지막으로 결혼반지만이 남았다. 관리사무소장이 말했다.

"이 반지의 경매가격은 오십만 위안부터 시작하도록 하죠."

그의 말이 떨어지기 무섭게 여자가 손을 번쩍 들었다. 그러자 남자도 손을 들며 소리쳤다.

"그 결혼반지는 제가 산 것이니 다시 가져가야겠습니다. 오십오만 위안이요!"

두 사람은 누구도 양보하지 않고 팽팽히 맞섰고 가격은 어느새 백오십만 위안까지 올라갔다.

보다 못한 여자의 아버지가 말했다.

"네가 그냥 양보하면 안 되겠니? 어차피 헤어질 건데 결혼반지는 가져서 뭐해?"

그래도 여자는 포기하지 않았다. 남자가 애원하듯 말했다.

"제발 당신이 포기해. 이 반지는 가짜란 말이야. 돈도 안 되는 가짜 반지를 당신한테 남겨주고 싶지는 않아."

남자가 계속 말했다.

"이 반지는 내가 청혼할 때 샀던 거야. 그런데 사업이 어려울 때 내가 몰래 가지고 가서 판 다음 가짜와 바꿔치기 했어. 사업이 잘되면 다시 진짜로 바꿔 놓을 생각이었어. 이렇게 될 줄은 꿈에도 몰랐다고."

"알고 있었어."

그녀의 말에 가족들은 깜짝 놀랐다. 하지만 여자는 담담하게 이어 말했다.

"당신은 내가 걱정할까 봐 얘기하지 않았지만 그동안 사업이 많이 어려웠다는 거 알고 있었어. 어느 날 가짜 반지가 놓인 것을 보고 당신이 몰래 가져가 팔았다는 사실을 알았어."

"그걸 다 알면서도 반지를 왜 가져가려고 하는 거야?"

남자가 놀라서 물었다.

"비록 가짜 반지지만 당신이 나를 얼마나 아끼고 사랑했는지 보여주는 징표잖아. 기념으로 남기고 싶어. 오늘 우리가 여기까지 오게 된 건 당신에게 무슨 일이 있어도 잘 얘기하지 않았기 때문이야. 나를 걱정시키고 싶지 않아서 그랬다는 건 이해하지만, 그렇기 때문에 나는 혼자서 더 힘들었어."

경매가 끝나고 이 두 사람은 결국 이혼하지 않기로 했다. 알고 보니 재산 경매는 양가 부모님이 두 사람의 이혼을 막기 위해 고심 끝에 생각해 낸 방법이었다. 집안의 물건을 하나하나 정리하면서 지난날을 돌이켜보고 서로의 사랑을 깨우치라는 의미에서였다.

두 사람이 같이 살기 위해서는 적응 기간이 필요한 법이다. 어떠한 결혼 생활도 완벽할 수는 없고 행복한 결혼 생활이 바람 한 점 없이 평온하기만 한 것이라고 말할 수도 없다. 그래서 더더욱 이혼이라는 단어를 너무 쉽게 내뱉지 않도록 해야 한다. 두 사람의 감정에 이보다 더 상처가 되는 말은 없기 때문이다.

누군가는 결혼 생활이 안에 뭐가 있는지 알 수 없는 방 안에 들어가는 것과 마찬가지라고 말한다. 우리가 할 일은 방 안을 가지런히 정리해 아름답게 만드는 것이다. 문을 열고 들어갔을 때 방 안이 깨끗할지, 더러울지는 들어가 보기 전에는 모른다. 내가 선택한 방이 마음에 들지 않을 때 열심히 노력해서 자신이 원하는 모습으로 바꾸려는 사람이 있는 반면 포기하고 다른 방으로 가는 사람도 있다. 하지만 그 다른 방이 어떤 모습일지 어떻게 아는가? 다른 방도 마음에 들지 않으면 원하는 방이 나올 때까지 계속 반복할 것인가?

시대가 바뀌면서 결혼에 대한 관념도 많이 바뀌었다. 현실적으로 시대와 발맞추어 자유로운 연애와 결혼을 존중해줄 필요가 있지만, 이를 핑계로 결혼을 경솔하게 생각해서는 안 된다. 결혼 생활에 있어서는 상대와 진지하게 소통하고 서로를 감싸주는 마음을 가질 수 있어야 한다.

당신의 곁을 지킬
한 사람

사람은 누구나 행복을 추구하며 산다. 비록 개개인이 꿈꾸는 구체적인 행복의 모습은 다르지만 원하는 것은 대개 비슷하다. 예를 들면 아름다운 사랑을 하고 싶다거나, 행복한 가정을 꾸리고 싶다거나, 안정적인 직장을 갖고 싶다거나, 사업에 성공하고 싶다거나 하는 것들이다. 그중에서도 가장 큰 비중을 차지하는 것이 바로 행복한 결혼 생활에 관한 것이다.

이처럼 결혼은 한 사람의 행복을 결정하는 아주 중요한 문제이다. 그런데 현대 사회에는 안정적인 결혼 생활을 방해하는 요소들이 많고 온갖 유혹들이 마음을 어지럽게 한다. 사람들은 점점 더 많은 혼란을 경험하고 그런 가운데 인생의 중요한 결정을 내린다. 하지만 종종 신중하지 못한 결정이 삶의 모습을 완전히 바꿔버리기도 한다.

행복한 결혼 생활이란 과연 어떤 모습일까? 어떻게 하면 온갖 유혹을 이겨내고 냉담해진 부부관계를 회복할 수 있을까? 자신이 꿈꾸는 결혼 생활을 누리기 위해서는 성숙한 태도로 이러한 문제를 진지하게 생각해봐야 한다.

아주 먼 옛날, 거미 한 마리가 어느 사찰 기둥에 거미줄을 치고 살았다. 그곳에서 천 년 동안 수행하자 거미에게도 불심(佛心)이 생긴 듯했다. 어느 날 부처님이 나타나 거미를 보고 말했다.
"너와 내가 이렇게 만난 것도 인연인데 지난 천 년 동안 무엇을 깨달았는지 물어봐도 되겠느냐?"
거미가 고개를 끄덕였다.
"세상에서 가장 소중한 것이 무엇이라고 생각하느냐?"
부처님이 물었다. 거미는 한참을 생각하더니 이렇게 대답했다.
"세상에서 가장 소중한 것은 '얻지 못한 것' 혹은 '잃어버린 것'입니다."
부처님은 아무 말도 하지 않고 고개를 끄덕이더니 사라져버렸다.
또다시 천 년이 흘렀고 어느 날 부처님이 나타나 거미에게 전과 똑같은 질문을 했다. 하지만 거미의 대답은 그때와 같았다.
"다시 한 번 잘 생각해 보거라. 나중에 또 찾아오마."
부처님이 떠나고 거미는 깊은 생각에 잠겼다. 그런데 그때 큰 바람이 불더니 이슬 한 방울이 거미줄에 떨어졌다. 거미는 구슬처럼 영롱하고 아름다운 이슬을 바라보고 있자니 행복했다. 거미는 매일 이슬을 바라보며 태어나서 가장 즐거운 시간을 보냈다. 그런데 며칠 후 또다시 큰 바람이 불더니 이슬을 데려가 버렸다. 거미는 너무나 슬펐다. 얼마 후 부처님이 세 번째로 거미를 찾아와 물었다.

"다시 생각해보았느냐? 세상에서 가장 소중한 것이 무엇이라고 생각하느냐?"

거미는 이슬을 떠올렸고 세 번째도 똑같은 대답을 했다. 부처님이 한숨을 쉬며 말했다.

"정 그렇다면 인간 세상을 한번 경험하게 해주마."

거미는 고위 관료 집안의 딸로 다시 태어났고 시간이 지나 어느덧 열여섯 살의 아름다운 아가씨로 자랐다. 하루는 황실의 뒤뜰에서 과거시험에 장원급제한 이슬 도령의 축하연이 열렸는데 거미를 포함한 도성의 아리따운 아가씨들이 모두 한자리에 모였다. 그 자리에는 황제의 딸인 바람 공주도 참석했다. 아가씨들은 모두 똑똑하고 잘생긴 이슬 도령에게 마음을 빼앗겼다. 거미의 마음도 설렜다. 그녀는 이슬 도령이 부처님께서 자기에게 보내준 짝이라고 생각했다.

며칠 후 거미는 부모님을 모시고 절을 찾았는데 그곳에서 이슬 도령을 우연히 다시 만나게 되었다. 거미는 무척 반가웠지만 이슬 도령의 반응은 생각보다 냉담했다. 이를 본 거미가 이슬 도령에게 말했다.

"십육 년 전 일이 정말 기억나지 않으세요? 제 거미줄에서 만났었잖아요."

이슬 도령이 이상한 눈으로 거미를 바라보며 말했다.

"거미 낭자, 당신은 아름답고 귀엽지만 상상력이 지나치게 풍부한 것 같소."

그리고 서둘러 자리를 떠났다. 거미는 이슬 도령이 왜 지난 일을 기억하지 못하고 자신에게 관심을 보이지 않는 것인지 이해가 되지 않았다.

얼마 후 황제는 조서를 내려 바람 공주와 이슬 도령의 결혼을 명했다. 그리고 거미에게는 태자인 풀잎 왕자를 짝지어줬다. 거미에게는 청천벽력 같은 소식이었다. 그녀는 며칠 동안 물 한 방울 입에 대지 않았고 결국 몸져누웠다. 소식을 듣고 거미를 문병 온 풀잎 왕자가 말했다.

"이슬 도령의 축하연이 있던 날 나는 당신에게 반해버렸소. 그래서 아바마마께 당신과 결혼하게 해달라고 부탁드렸죠. 만약 당신이 죽는다면 나도 더 이상 살 의미가 없소."

풀잎 왕자는 품속에서 칼을 꺼내 그 자리에서 자결하려고 했다. 그때 부처님이 거미에게 나타나 말했다.

"거미야, 애초에 누가 이슬을 네게 데려왔는지 생각해봤느냐? 바로 바람이었단다. 그리고 이슬을 다시 데려간 이도 바람이었지. 이슬 도령은 바람 공주에게 속한 사람이고 네 인생에서는 잠시 스쳐 지나가는 인연일 뿐이란다. 그리고 풀잎 왕자는 당시 사찰 기둥 밑에 살던 작은 풀 한 포기란다. 그는 너를 천 년도 넘게 지켜봤고 천 년도 넘게 사랑했단다. 하지만 너는 한 번도 아래를 내려다보지 않았지. 이제 다시 한 번 묻겠다. 세상에서 가장 소중한 것이 무엇이라고 생각하느냐?"

그제야 깨달음을 얻은 거미가 이렇게 대답했다.
"세상에서 가장 소중한 것은 '얻지 못한 것'도, '잃어버린 것'도 아니라 '현재 내게 주어진 행복'입니다."
거미의 대답이 끝나자 부처님은 웃으며 사라졌다. 거미는 눈을 떠 자결하려는 풀잎 왕자의 칼을 빼앗고 그의 품에 안겼다.

이 이야기가 알려주고자 하는 인생의 지혜는 간단하다. 지금 이 순간 내가 가진 행복을 소중하게 생각하라는 것이다. 많은 사람들이 자신의 결혼 생활이 행복하지 않다고 불만을 토로한다. 그러나 대부분 결혼 생활 자체에 문제가 생겼다기보다 잘못된 마음가짐을 갖고 있기 때문이다. 이들은 배우자의 단점을 과거에 만났던 사람의 장점과 비교하는가 하면, 비현실적인 기준으로 배우자를 평가하기도 한다. 이러한 마음가짐을 지닌 사람이 어떻게 결혼 생활에 즐거움을 느낄 수 있단 말인가?
우연히 다시 만난 첫사랑과 사랑에 빠져 이혼을 요구하거나 만난 지 몇 달밖에 되지 않은 내연녀 때문에 조강지처를 버리는 사람들도 있다. 그들이 단순히 무책임하고 인품에 문제가 있기 때문일 수도 있지만 대부분 잘못된 마음가짐이 잘못된 생각을 심어줬기 때문이다. 끊임없이 사랑을 찾고 행복을 추구하지만 그것의 진정한 의미를 이해하지 못하고 있는 것이다. 그래서 언제나 다른 어떤 곳에 있는 행복을 찾아다니지만 막상 그곳에 도착하면 또 다른 곳에 있는 행복에 마음을 빼앗긴다.

인생에서 가장 소중한 것은 얻지 못한 것도, 잃어버린 것도 아니라 지금 이 순간 내가 누리고 있는 행복이다. 이미 지나가버린 과거를 계속 마음에 두거나 예측할 수 없는 미래를 걱정하는 것은 모두 의미 없다. 지금 이 순간의 경험만이 진실한 것이며 현재 내가 보고, 듣고, 만질 수 있는 행복이 가장 소중한 것이다.

얼마 전부터 남편은 맛있는 흰 쌀죽 한 그릇이 먹고 싶었다. 쌀과 물이 완벽히 조화되어 한 입 떠먹는 순간 속이 따뜻해지는 그런 느낌이 그리웠던 것이다. 그는 시내에 유명한 죽집을 모두 찾아다녔지만 매번 실망감만 안고 돌아왔다. 직접 끓이려고 시도도 해봤지만 생각했던 맛이 나오지 않았다.

그는 옛 생각에 잠겼다. 예전에 늦게까지 회식을 하고 온 다음날이면 아내는 따뜻한 흰 쌀죽을 끓여줬다. 하지만 아홍을 알게 된 후 그녀와 함께하기 위해 아내에게 이혼을 요구했다. 처음에는 정말로 즐겁고 행복했다. 밤늦게까지 함께 술을 마시고, 여행을 다니고 그녀와 함께 있으면 젊은 시절로 되돌아간 것처럼 언제나 활력이 넘쳤다.

그러나 즐거움은 오래가지 못했다. 어느 날 밤, 손님 접대로 늦게까지 술을 마시고 들어온 그는 갑자기 속이 쓰리기 시작했고 약을 먹어도 좀처럼 나아질 기미가 없었다. 그때 따뜻한 흰 쌀죽이 생각났다. 그는 자고 있는 아홍을 깨워 죽을 끓여달라고 부탁했지만 그녀는 들은 척도 하지 않았다. 그가 계속 얘기하자 아홍은 벌떡 일어나 화를 내더니 서재로 가서 잠을 잤다. 그는 홀로 침대에 남겨졌고 속은 여전히 쓰리고 아팠다.

그 일이 있은 후 그는 헤어진 아내에게 전화를 걸어 만나자고 청했다. 두 사람은 한 카페에서 차를 마셨다. 그가 아내에게 물었다.

"예전에 내게 끓여준 흰 쌀죽은 도대체 어떻게 끓이는 거요?"

뜬금없는 질문에 아내는 의아한 표정을 지으며 대답했다.

"그야 간단하죠. 냄비에 쌀과 물을 넣고 끓이기만 하면 돼요. 단 아주 약한 불로 끓여야 해요."

남편이 깜짝 놀라며 말했다.

"약한 불이라고? 그럼 얼마나 오래 끓여야 한다는 말이오?"

아내가 대답했다.

"대략 두 시간 정도 걸릴 거예요. 그래서 예전에 죽을 끓이느라 주방에서 밤을 지새운 적이 많았죠."

그는 마음이 울컥해 아내의 손을 잡고 말했다.

"당신이 끓여준 죽이 너무나 먹고 싶소."

하지만 아내는 그의 손을 뿌리치며 말했다.

"미안하지만 이제 그 죽은 그것의 소중함을 아는 사람만 먹을 수 있어요."

아내는 자리에서 일어나 밖으로 나가버렸다. 그는 카페 밖에서 아내를 기다리고 있다가 우산을 씌워주는 한 남자를 보게 되었다. 비가 세차게 내리고 있었는데 남자는 자신의 어깨가 젖는 줄도 모르고 아내 쪽으로 우산을 기울였다.

허황된 것을 쫓느라 지금 내가 가지고 있는 것들을 보지 못한다면 그것만큼 안타까운 일이 없다. 지금 내 곁에 있는 그 또는 그녀의 사랑에 익숙해지면 결혼 생활이 무미건조하게 느껴지고 색다른 무언가를 동경하게 된다. 그리고 그 사람을 잃고 난 후에야 깨닫는다. 길을 걸을 때 내 손을 잡아주던, 힘이 들 때 나를 꼭 안아주던, 매일 내 잔소리를 들어주고 내게 잔소리를 하던, 늘 묵묵히 내 곁을 지켜주던 그 사람이 얼마나 소중했는지 말이다. 안타깝게도 한번 지나간 시간은 다시 돌아오지 않는다. 그러니 지금 곁에 있는 단 한 사람을 보다 더 많이 아껴주자.

지금 사랑하라

사랑은 유리병 같아서 일단 깨지면 원래의 모양을 잃는다. 현재의 행복을 소중하게 여기지 않다가 놓쳐버린다면 나중에 후회해도 되돌릴 수가 없다. 이처럼 인생에서는 절대 되돌릴 수 없는 일들이 많다. 그러므로 모든 결정은 반드시 신중하게 생각하고 내려야 한다. 그렇지 않으면 흰 쌀죽을 그리워하던 앞선 이야기의 남자처럼 언젠가 땅을 치며 후회하게 될지도 모른다.

이야기 속 남자가 안타까운 이유는 그가 경솔하게 아내와 이혼했기 때문만이 아니라, 지금 가진 것에 대한 소중함을 전혀 모르기 때문이기도 하다. 그는 아내가 정성스럽게 끓여주는 죽을 먹을 때 그것을 너무나 당연하게 생각했다. 그리고 아홉을 통해 청춘의 즐거움을 다시금 느끼게 되었을 때도 그 순간을 소중하게 여기지 못하고 또다시 옛날을 그리워했다. 우리도 그런 마음가짐을 바꾸지 못한다면 이 야기 속 남자처럼 눈앞의 행복을 놓치고 말 것이다.

한 남자가 아내가 아닌 다른 여자를 사랑하게 되었다. 그는 그 여자와 함께하고 싶었지만 차마 가정에 대한 책임을 버릴 수 없어 괴로워했다. 그는 부처님을 찾아가 고민을 털어놓았다.

부처님이 물었다.

"그 여자가 네 인생의 마지막 사랑이라고 확신하느냐?"

남자가 대답했다.

"네. 확신합니다."

부처님이 말했다.

"그러면 이혼하고 그 여자랑 결혼하면 되겠구나."

"하지만 지금 아내도 너무나 어질고 착한 사람인데 그 사람한테 너무 잔인한 일 아닐까요? 도덕적이지도 못한 일이고요."

"사랑이 없는 결혼 생활이 가장 잔인하고 도덕적이지 못한 것이니라. 그러니 아내를 사랑하지 않는다면 이혼하는 것이 맞다."

부처님이 말했다.

"하지만 아내는 저를 진심으로 사랑해요. 저뿐만 아니라 저희 부모님과 아이들에게도 정말 좋은 며느리이자 엄마랍니다."

남자가 여전히 망설이며 말했다.

"만약 네 아내가 정말 그런 사람이라면 그녀는 언제나 행복할 것이다."

"제가 이혼하고 그녀와 재혼한다면 아내가 많이 괴로워할 텐데요,

어떻게 행복할 수 있죠?"

남자는 부처님의 말을 이해할 수 없었다.

"너는 아내의 진실한 사랑을 받는 구체적인 대상일 뿐이다. 네가 없어진다면 그 사랑은 다른 사람에게로 옮겨가겠지. 그녀는 결혼 생활 중에 늘 진심을 다해 사랑했기 때문에 행복할 수 있었단다. 앞으로도 행복할 테고."

"그럴 리 없어요. 아내는 평생 저 한 사람만 사랑한다고 말했어요. 다른 사람을 사랑하다니요!"

"그런 말을 너도 아내에게 한 적 있느냐?"

"그게……"

남자는 아무 말도 할 수 없었다.

그때 부처님이 향로를 가리키며 말했다.

"저기 촛불이 세 개 꽂혀 있구나. 네가 보기에 어떤 것이 가장 밝은 것 같으냐?"

남자는 부처님의 의도를 이해하지 못했지만 묻는 대로 대답했다.

"제가 보기에는 세 개 모두 밝은 것 같은데요."

부처님이 말했다.

"저 세 개의 촛불을 세 명의 여자라고 생각해보자. 그리고 저 중 하나가 네가 지금 사랑하고 있는 여자이다. 만약 여러 여자들 사이에서 네가 지금 사랑하는 여자를 찾아낼 수 없다면 어떻게 그 사람이 인생에 마지막 사랑이라고 확신할 수 있겠느냐?"

남자는 말이 없었다.

"이번에는 가서 촛불을 하나 뽑아서 가까이 가져와보거라. 그런 다음 어떤 것이 가장 밝은지 얘기해보거라."

남자는 부처님이 시키는 대로 초를 가까이 가져왔다.

"눈앞에 있는 이 촛불이 가장 밝은 것 같습니다."

"그럼 이제 다시 촛불을 갖다놓고 오거라. 이제 어떤 것이 가장 밝은 것 같으냐?"

"다 비슷해 보입니다."

"방금 가까이 가져온 촛불이 바로 네가 지금 사랑하는 여자란다. 사랑은 마음에서 비롯되는 것이니 무엇이든 마음을 쓰고 집중해서 보면 그것이 가장 좋아 보이는 법이니라. 하지만 원래 자리로 돌아가고 나면 더 이상 그런 특별함을 느낄 수 없게 되지. 네가 지금 하고 있는 사랑이 이렇게 허무한 것이다."

남자가 대답했다.

"이제 제가 누구를 사랑해야 할지 알겠어요! 바로 현재의 제 아내입니다."

부처님은 촛불을 통해 어지럽던 남자의 마음을 환하게 밝혀줬다. 진정한 사랑은 일종의 마음가짐이다. 결혼 생활에 있어서 사랑과 행복은 대상이 누구냐에 따라 결정되는 것이 아니라 내 곁에 있는 사람을 진심으로 사랑하고 현재 내가 가진 모든 것을 소중하게 여길 때 얻을 수 있는 것이다.

이처럼 행복과 불행은 어떤 마음가짐을 갖느냐에 따라 결정된다.

지금 내 눈앞에 있는 것을 소중히 여기고 내 곁에 있는 사람을 진심으로 사랑한다면 행복은 저절로 따라온다. 감사하고 소중한 마음으로 사랑하고, 결혼하고, 인생을 살아간다면 삶의 만족도는 그만큼 커질 것이다.

사랑을 지혜롭게 가꾸는 법

 사랑은 인생에서 가장 의미 있고 귀한 일이다. 가족 간의 사랑, 친구들과의 우정, 연인과의 사랑 등 모두 우리 삶에서 빠질 수 없는 중요한 부분이다. 사랑은 우리에게 힘을 실어주고 즐거움과 행복을 가져다준다. 사랑이 없으면 인생은 말라버린 우물처럼 생기를 잃어버린다.

 그러나 인생의 수많은 고민과 괴로움이 사랑 때문에 생겨나기도 한다. 자녀에 대한 사랑으로 늘 마음 졸여야 하는 부모, 부모의 지나친 사랑에 답답하고 괴로운 자녀들, 사랑을 고백했다가 거절당해 마음이 아픈 사람, 이별의 아픔을 견디지 못하고 생명을 포기하는 사람까지. 이들이 힘든 이유는 사랑이 부족해서가 아니라 사랑이 너무 깊고 무거워 균형을 잃었기 때문이다.

 사랑은 감정으로 하는 것이지만 적절한 지혜도 필요하다. 누군가를 사랑할 때 무조건 감정이 시키는 대로만 한다고 해서 꼭 행복해질 수 있는 것은 아니다. 사람과 사람의 만남은 적당한 거리를 유지하면서 때에 따라 적절한 지혜를 발휘할 줄 알아야 한다.

사랑은 아끼고 보호하며, 결혼 생활은 착실히 경영해야 한다는 말이 있다. 남녀 간의 사랑뿐만 아니라 사실 모든 사랑이 이런 보호와 관리를 필요로 한다. 사랑은 자라기 적합한 토양에서만 아름다운 꽃을 피운다.

바람이 지나가다가 아름다운 꽃 한 송이를 만나 사랑에 빠졌다. 바람은 자신의 입김으로 꽃잎을 부드럽게 어루만졌고 꽃은 바람의 사랑에 화답하기 위해 은은한 꽃향기를 내뿜으며 점점 더 아름다운 색깔로 변해갔다.

하지만 시간이 흐를수록 바람은 더 큰 사랑을 원했다. 그는 자신이 더 크고 빠른 바람을 불어주면 꽃이 자신을 더 많이 사랑해줄 거라고 생각했다. 그래서 있는 힘을 다해 꽃을 향해 바람을 불었다. 하지만 꽃송이는 바람의 지나친 사랑을 견디지 못하고 꺾여버렸다. 상심한 바람이 어떻게든 꽃송이를 다시 일으켜 세우려고 했지만 실패했다. 바람이 화가 나서 말했다.

"나는 내가 줄 수 있는 사랑을 모두 내어줬는데 왜 너는 누워서 일어나지 않는 거야. 날 사랑하지 않는 게 분명해!"

꽃송이는 대답이 없었다. 바람에 꺾인 순간 생명을 다했기 때문이다.

"사랑할 때 즐겁지 않다면 그것은 사랑이 부족하기 때문이 아니라, 오히려 지나치기 때문이다."라는 말이 있다. 누군가를 사랑하는 것이 잘못된 일은 아니다. 하지만 사랑에도 정도가 있어야 한다. 정도를 지나친 사랑은 서로에게 혼란과 상처를 줄 뿐이다.

낯선 사람들과는 아무 문제없이 잘 지내면서 왜 부모, 형제, 배우자 등 가까운 사람들과는 더 많이 다투게 되는 걸까? 이는 적당한 거리를 유지하지 않았기 때문이다. 회사 동료나 친구들과 함께 있을 때는 관계를 잘 유지하기 위해 말이나 행동을 조심하고 문제가 생기면 적극적으로 풀어나간다. 하지만 사랑하는 가족들과는 거리감이 없다 보니 자신이 하고 싶은 대로 멋대로 말하고 행동하게 된다. 상대가 내가 사랑하고 나를 사랑해주는 사람이니 무엇을 해도 다 이해하고 받아줄 거라고 생각하는 것이다.

바람이 꽃송이를 꺾이게 했듯 지나친 사랑은 상대방에게 커다란 부담을 안겨준다. 부모가 자녀를 지나치게 사랑해서 무엇이든 다 받아주면 응석받이에 제멋대로인 아이로 크고 연인 혹은 부부 사이에 사랑이 지나치다 보면 서로에 대한 요구가 점점 높아져 결국 어떠한 것에도 만족을 못 느끼고 잠깐의 소홀함과 냉담함도 참을 수 없게 되는 것처럼 말이다.

준 사람은 그 사실을 잊어버리지만

받은 사람은 감사한 마음을 영원히 간직하는 것.

베푸는 삶이 아름다운 이유이다. 베푼다는 건 즐거운 일이다.

그러니 다른 사람에게 얻으려고만 하지 말고

내가 무엇을 줄 수 있을지 생각해야 한다.

다른 사람이 도움을 필요로 할 때 우리는 최선을 다해 도와줘야 한다.

많이 베풀면 베풀수록 내가 얻는 것도 많아진다.

6장

—

베푸는 삶이 아름답다

사 소 한 것 들 로 부 터 의 위 로

조금 더
관대해져도 괜찮다

인간관계에서 조금 더 관대한 마음을 가지면 상대뿐만 아니라 자기 자신에게도 큰 이득이 된다. 타인의 과실을 용서하고 이해득실을 따지지 않는 건 어떻게 보면 손해 보는 일 같지만 실제로는 그럼으로써 상대의 신뢰와 존경을 받게 된다. 그러면 나중에 자신이 비슷한 실수를 저질렀을 때도 용서를 받을 수 있고, 어려움에 처했을 때 기꺼이 손을 내밀어주는 이가 생길 것이다.

춘추 시대, 초(楚)나라의 장왕(莊王)[1]은 어느 날 잔치를 열어 신하들이 마음껏 먹고 마시도록 했다. 그는 자신이 가장 총애하는 후궁

---

[1] 재위 기원전 614년~591년까지 초나라의 제이십삼대 왕이며, 제(齊)나라 환공(桓公), 진(晋)나라 문공(文公), 오(吳)나라 부차(夫差), 월(越)나라 구천(勾踐)과 더불어 춘추 시대의 오패(五覇)로 불린다.

허씨를 불러 신하들에게 술을 한 잔씩 따라주도록 했다.

모두가 즐겁게 술을 마시고 있는데 갑자기 어디선가 큰 바람이 불어와 촛불들을 전부 꺼트렸고 방 안은 온통 캄캄해졌다. 그런데 아무것도 보이지 않는 틈을 타 한 신하가 허씨의 손을 덥석 잡았다. 기분이 나빠진 허씨는 그 신하의 관끈을 끊어내 왕의 곁으로 돌아가 귓가에 이렇게 속삭였다.

"방금 어떤 사람이 저를 희롱했어요. 제가 그 사람의 관끈을 잘라 왔으니 어서 촛불을 다시 켜라고 명해주세요. 그러면 그 사람이 누군지 알 수 있을 것입니다."

하지만 초왕은 허씨의 말대로 하지 않고 잠시 촛불을 켜지 말라고 명했다. 그리고 큰 소리로 이렇게 말했다.

"오늘은 그대들이 관직의 고하를 떠나 편히 즐겼으면 좋겠소. 자, 모두 관끈을 풀고 신나게 놀아봅시다."

그렇게 해서 모든 신하들이 관모를 벗었고 허씨를 희롱한 자는 찾을 수 없게 되었다.[2] 한편, 허씨의 손을 잡았던 그 신하는 장왕의 관대함에 감동을 받아 평생 충성하기로 맹세한다. 나중에 그는 장왕이 정(鄭)나라를 토벌할 때 가장 먼저 군대를 이끌고 전쟁에 나섰고 수도를 함락시켰다.

신이 아닌 이상 살면서 단 한 번의 실수도 저지르지 않는 사람은 없다. 그래서 타인의 실수에 대해 지나치게 엄격한 것은 자신에게도

---

2 후에 그 잔치를 '절영회(絶纓會)'라고 일컬었다.

득이 되지 않는다. 반대로 관대한 마음으로 실수를 용서한다면 그 사람뿐만 아니라 내게도 새롭게 시작할 기회를 만들어줄 수 있다. 상사와 부하직원의 관계, 친구와의 관계, 가족들과의 관계가 모두 그렇다.

어떤 일 혹은 누군가 완벽하지 않다고 해서 실망하고 원망하는 것은 문제를 해결하는 데 아무런 도움이 되지 않는다. 입장을 바꿔 생각해보고 조금 더 관대한 마음으로 사람을 대하고 일을 처리할 수 있어야 한다. 다른 사람이 내가 원하는 대로 하지 않는다고 해서 잘못은 아니다. 모든 사람은 각자 자기만의 생활방식과 관점이 있다. 그러므로 내가 다른 사람으로부터 자유를 존중받기를 원하는 것처럼 다른 사람의 생각도 존중해줄 필요가 있다.

이렇게 말하는 사람도 있을 것이다. 다른 사람들이야 그렇다 치고 부모님, 배우자, 자녀, 친구 등 나와 가까운 사람들과 더 나은 관계를 형성하기 위해서는 마냥 관대할 수만은 없지 않느냐고 말이다. 사랑하기 때문에 그 사람에게 더 엄격해지는 것은 당연한 일이다. 하지만 사랑한다는 이유로 모든 것을 좌지우지하려고 해서는 안 된다. 특히 가까운 사람들일수록 정도를 지키고 여유로운 마음을 가져야 한다.

아내는 왜 우리만 좋은 집과 차가 없냐며 남편을 원망하고, 남편은 아내가 더 이상 예쁘고 상냥하지 않다고 원망하고, 부모는 아이가 다른 집 아이보다 성적이 좋지 않다고 원망한다. 이처럼 많은 사람들이 자신의 생각대로 상대방을 바꾸고만 싶어하지 그들에게 관대함이 필요하다는 사실을 잊어버린다.

우리는 사랑을 통해 행복을 추구하지만 진정한 사랑의 의미를 깨닫지 못해 정반대의 길을 가기도 한다. 화내고, 원망하고, 질책하고, 비난하며 가정을 전쟁터로 만들고 사랑하는 사람에게 상처를 준다. 모든 것이 지나치게 완벽하고자 하는 마음에서 비롯된 것이다. 의미 없는 노력과 집착으로 모두를 괴롭게 하기보다는 타인의 부족함과 실수를 인정할 수 있는 관대함을 가져보는 게 어떨까?

> 한 아이가 바닥에 물을 잔뜩 엎지르고 엄마에게 이렇게 말했다.
> "엄마, 중요한 건 제가 엄마를 사랑하고 엄마가 저를 사랑한다는 거 잖아요. 제발 바닥에 있는 물을 못 본 척해주세요."
> 엄마는 말썽을 피운 아이에게 한바탕 화를 내려다가 이 말을 듣고 마음이 누그러졌다. 그리고 아이와 함께 바닥에 앉아 물장난을 쳤다.

서로 사랑하는 마음보다 중요한 것은 없다. 그러므로 누군가를 사랑한다면 그 사람의 사소한 결점들은 눈감아주도록 하자. 그것이 더 즐겁게 사랑할 수 있는 방법이다. 자신과 주변 사람에게 조금 더 관대해진다면 인생의 고민과 괴로움이 반으로 줄어든다. 또한 매사에 목표를 너무 높이 세우지 않고 다른 사람에 대한 요구치를 낮춘다면 자신이 찾는 행복에 더욱 가깝게 다가설 수 있을 것이다.

화내지 않고
사는 법

　우리는 살면서 종종 화나는 일을 경험한다. 혹시 화가 났을 때 분노를 억제하지 못하고 고래고래 소리를 지른 적이 있는가? 그리고 화가 가라앉은 후 '그때 그렇게 하지 말걸.' 하면서 후회한 적이 있는가? 아마 다들 한 번쯤은 비슷한 경험이 있을 것이다.

　사람들이 화를 내는 이유는 다양하다. 어떤 사람은 누군가의 주목을 끌기 위해 화를 낸다. 그 사람으로부터 더 많은 관심을 받기 위해서이다. 또 어떤 사람은 자신의 생각을 설명하려다가 잘되지 않으면 언성을 높이고 화를 낸다. 그렇게 해서 상대를 설득시킬 요량인 것이다. 심지어 어떤 사람은 자신이 잘못한 일인데도 체면 때문에 잘못을 인정하지 않은 채 도리어 화를 내기도 한다.

　'화(火)'도 인간이 가진 본성이므로 그 자체를 탓할 수는 없다. 허나 그 이유가 어찌되었든 화는 우리 인생에 안 좋은 영향을 끼치며 심할 경우 몸과 마음에 큰 상처를 남긴다. 또 분노가 제때 사그라지지 않으면 우울함이 지속되다가 정신적 질병에 시달리기도 한다. 이렇게 보면 화를 내는 것은 우리 인생에 백해무익한 일이다. 그러므로 되도록 화를 내지 않는 것이 좋다. 특히 즐거운 마음으로 살고 싶다면 화는 되도록 멀리해야 한다. 한순간의 화가 생각지도 못한 엄청난 결과를 초래할지도 모르기 때문이다.

낙타 한 마리가 사막을 건너고 있었다. 정오가 되자 뜨거운 태양이 머리 위로 내리쬐었다. 가뜩이나 배가 고프고 목이 마른 낙타는 뜨거운 날씨 때문에 잔뜩 짜증이 났다. 그때 작은 유리 조각이 낙타의 발에 걸렸다. 화가 머리끝까지 난 낙타는 유리 조각을 있는 힘껏 발로 찼다. 유리 조각은 날아가면서 낙타의 발에 깊은 상처를 남겼고 흘러나온 피가 어느새 모래를 붉게 물들였다.

화가 난 낙타는 다리를 절뚝거리며 가던 길을 계속 갔다. 그런데 붉은 핏자국을 보고 독수리들이 날아와 낙타의 머리 위에서 빙빙 돌았다. 겁을 먹은 낙타는 줄행랑을 쳤고 사막 위에는 길고 긴 핏자국이 남았다.

사막의 끝자락에 도착할 무렵 이번에는 낙타에게서 나는 짙은 피비린내가 늑대들을 유혹했다. 피를 너무 많이 흘려 정신이 혼미한 낙타는 늑대를 피해 이리저리 날뛰다가 식인 개미 소굴에 도달했다. 그러자 피비린내를 맡은 개미들이 소굴에서 끊임없이 나와 낙타의 몸 위로 기어올랐다. 낙타는 순식간에 검은 담요를 뒤집어쓴 듯 개미에게 뒤덮이고 말았다. 잠시 후 불쌍한 낙타는 여전히 피를 뚝뚝 흘리며 땅바닥으로 쓰러졌다. 죽기 직전 낙타는 이렇게 탄식했다.
"왜 내가 그 작은 유리 조각 때문에 화를 냈을까!"

화내고 분노하는 비이성적인 행위는 다른 사람뿐만 아니라 자기 자신에게도 상처를 남긴다. 또 낙타의 이야기처럼 예상치 못한 엄청난 결과를 초래하기도 한다. 낙타는 아주 작은 유리 조각 때문에 목숨을 잃었다. 한순간의 분노가 그렇게 무시무시한 결과를 가져올 줄은 꿈에도 몰랐을 것이다. 사람들은 낙타처럼 뒷일은 생각하지 않은 채 당장의 불쾌한 기분을 해소하기 위해 화를 내버린다. 아무렇게나 내뱉은 말 한마디 때문에 큰 말다툼이 벌어지고 주먹이 오가기도 한다. 인생에서 가장 후회되는 일 역시 한순간의 화 때문에 벌어지는 경우가 많다.

사람들은 왜 화를 내는 걸까? 잘못은 다른 사람이 했는데 그 일로 왜 자신에게 벌을 주려고 하는가? 누군가 내 생각에 어긋나는 일을 했다고 해서 그 사람이 잘못했다고 볼 수는 없다. 내 생각이 백 퍼센트 옳은 것은 아니니 말이다. 게다가 설령 내 생각이 옳다고 해도 다른 사람들이 모두 내 생각대로 살 필요는 없지 않은가.

그러므로 어떤 이유에서 화를 내든 작은 일에 신경을 곤두세우고 노발대발 하는 것은 아무에게도 도움이 안 된다. 다른 사람이 화내는 모습이 보기 싫다면 나 역시 아무 일에나 화를 내지 않도록 해야 한다.

사람이든 일이든 너그러운 마음으로 대한다면 어떤 상황에서도 평정심을 잃지 않을 것이다.

옛날에 한 부부가 있었다. 아내가 아이를 낳다가 목숨을 잃는 바람에 남자는 홀로 아이를 키워야 했다. 다행히 그 집에는 아주 똑똑한 개 한 마리가 있었는데 남자가 일하러 나간 동안 아이를 돌봐줬다. 어느 날 남자가 일을 마치고 저녁 늦게 집에 들어왔다. 개는 주인이 돌아온 것을 보고 대문으로 달려나가 반겼다. 그런데 개의 입가에 피가 잔뜩 묻어 있는 것이 아닌가! 순간 남자는 불길한 생각이 들었다.

'내가 너무 늦게 오는 바람에 배고픈 개가 아이를 잡아먹기라도 한 건가?'

남자는 서둘러 집 안으로 들어가 아이를 찾았다. 하지만 아무리 찾아도 아이는 보이지 않고 침대에 선명한 핏자국만 보일 뿐이었다. 남자는 격분한 나머지 방망이로 개를 때려 죽였다. 그런데 개의 숨이 넘어가는 순간 아이가 울면서 침대 밑에서 기어나왔다. 남자는 자신이 개를 오해했다는 사실을 깨달았다. 그는 집안 구석구석을 뒤지다가 늑대의 시체를 발견했다. 알고 보니 개가 늑대를 물어 죽인 것이었다. 남자가 일을 하러 나가고 얼마 안 돼 배고픈 늑대가 아이를 잡아먹으려고 집에 들어왔고, 이를 본 개는 목숨을 걸고 달려들어 아이의 목숨을 지켜낸 것이다. 남자는 이 사실을 깨닫고 목 놓아 울기 시작했다. 하지만 이미 벌어진 일을 돌이킬 수는 없었다.

남자는 한순간의 분노로 이성을 잃고 잘못된 판단을 내렸다. 결국 불쌍한 개는 목숨을 잃었고 남자 역시 좋은 친구이자 조력자를 잃었다. 남자는 개를 죽인 것을 후회하며 평생 죄책감에 시달리지 않았을까? 남자가 화를 조절하고 진상을 확실히 파악한 뒤 행동을 취했다면 충분히 막을 수 있었던 비극이다. 이 이야기는 화가 났을 때는 어떠한 결정도 내리면 안 된다는 것을 알게 해준다.

화가 났을 때는 아무 결정도 내리지 마라

많은 사람들이 일순간의 화를 다스리지 못해 이성을 잃고 원치 않는 실수를 저지른다. 이러한 실수들은 작게는 지나친 말과 행동으로 다른 사람에게 상처를 주는 것부터 크게는 사람을 죽이거나 불을 지르는 것까지 다양하다.

사람들은 화가 가라앉고 나면 왜 자신이 그토록 작은 일에 그토록 분통을 터트렸는지 의아해한다. 단단히 화가 났을 때는 말과 행동을 잠시 멈추는 게 낫다. 그러면 최소한 잘못된 선택과 언행으로 인한 큰 실수를 막을 수 있다. 어떻게 하면 화를 다스릴 수 있을까? 다음 이야기를 통해 화내지 않는 비결을 알아보자.

화가 나면 달리기를 하는 남자가 있었다. 그는 화가 나면 어김없이 자신의 집 주변을 세 바퀴씩 돌았다. 돈을 많이 벌어 큰 집과 넓은 땅을 갖게 됐어도 그의 습관은 변하지 않았다. 그렇게 정신없이 달리다 보면 숨이 가빠오고 땀이 비 오듯 흘렀다. 어느 날 그의 손자가 물었다.

"할아버지는 화가 나면 왜 달리기를 하세요? 무슨 특별한 이유라도 있나요?"

그가 대답했다.

"나는 젊었을 때부터 누군가와 싸우거나 논쟁이 붙어서 화가 날 때면 집 주변을 달리면서 이렇게 생각했단다. '집도 작고 땅도 얼마 없는데 지금 화를 낼 시간이 어디 있단 말인가?' 그런 생각을 하다 보면 화가 가라앉았고 다시 일을 하러 갈 수 있었지."

손자가 다시 물었다.

"부자가 된 이후에는 어떤 생각을 하셨어요?"

남자는 웃으며 대답했다.

"이런 생각을 했지. '집도 이렇게 크고, 땅도 이만큼 넓은데 다른 사람이랑 무엇 때문에 논쟁을 한단 말인가?' 그러면 화가 금방 가라앉았단다."

살다 보면 할 일이 얼마나 많은가. 그러니 소중한 시간을 화내는 데 낭비할 이유가 없다. 화는 원망과 분노에서 생기고 원망과 분노는 처음에는 아주 작지만 제때 해소하지 않으면 순식간에 눈덩이처럼 크게 불어나 더 큰 화를 만들기도 한다.

심리학자들은 화를 가라앉히는 가장 좋은 방법은 이야기 속 남자처럼 주의를 다른 데로 돌려 마음을 비우고 부정적인 감정을 해소하는 것이라고 말한다. 남자가 선택한 달리기는 아주 좋은 방법이다. 운동을 하면 기분이 좋아지기 때문이다. 방법도 아주 간단해서 누구나 실천할 수 있다. 혹은 자신이 좋아하는 일을 찾아서 하는 것도 방법이다. 처음에는 집중이 잘 안 될 수도 있지만 시간이 흐르다 보면 점점 마음이 가라앉을 것이다. 화가 난 상황에 집중하지 말고 그 상황에서 잠시 떨어져 있는 게 중요하다. 그 자리에 계속 머물러 있는 것은 화를 더 돋울 뿐이니까 말이다.

우리가 화를 다스려야 하는 이유는 자신의 감정 상태뿐만 아니라 타인과의 관계 또한 돌봐야 하기 때문이다. 다른 사람과의 관계에서는 자신의 의견이나 감정만 고집할 것이 아니라 넓은 마음으로 상대의 입장에서 생각할 줄도 알아야 한다. 그러면 원망과 분노가 서서히 가라앉고 불필요한 논쟁과 다툼을 피할 수 있게 되며 상대방은 당신의 관대함과 우호적인 태도를 감사하게 여긴다. 시간이 지나고 나면 다른 사람에게 내 생각을 받아들이도록 할 때 화를 내는 것보다 내지 않는 것이 더 효과적이라는 사실을 깨닫게 될 것이다.

난초를 몹시 좋아하는 스님이 있었다. 그는 화원에 각양각색의 난초 수백 촉을 심어놓고 그곳을 '난초국'이라 이름 붙였다. 스님은 경전 강의를 하지 않는 시간에는 언제나 화원에 나가 난초를 가꿨다. 그 모습을 본 사람들이 스님은 난초를 목숨같이 소중히 여긴다고 말할 정도였다.

어느 날 볼일이 있어 밖으로 나가게 된 스님은 제자들에게 난초들을 잘 돌봐달라고 신신당부했다. 제자들은 스승의 명을 받들어 난초국을 수시로 드나들며 난초들을 살폈다. 그런데 한 제자가 난초에 물을 주다가 발을 헛디뎌 난초들을 세워 놓은 선반을 쓰러트렸고 줄지어 있던 모든 난초들이 땅으로 떨어져 엉망이 되었다. 제자는 스승님이 돌아와서 이 광경을 보시고 얼마나 크게 화를 내실까 두려웠다. 그는 스님이 돌아오자마자 달려 나가 무릎을 꿇고 용서를 빌었다. 그러나 이야기를 들은 스님은 조금도 화를 내지 않고 평온한 목소리로 말했다.

"내가 난초를 가꾸는 이유는 부처님을 기쁘게 해드리고 환경을 아름답게 꾸미기 위함이지 화를 내기 위해서가 아니라네."

제자들은 스님의 말에 걱정과 두려움을 내려놓았을 뿐만 아니라 앞으로 어떻게 수행하고 정진해야 할지에 대해서도 큰 깨달음을 얻었다.

자신이 아끼던 난초들이 하루아침에 모두 망가졌는데 스님은 정말로 조금도 화가 안 났을까? 아무리 스님이라도 아주 조금은 화가 났으리라 생각한다. 하지만 스님은 난초들이 이미 망가져버렸고 화를 낸다고 해서 상황을 돌이킬 수 없다는 사실을 알고 있었다. 그래서 난초들을 기르기로 결심했을 때의 초심을 생각하며 화를 가라앉히고 제자들에게 몸소 수행의 가르침을 준 것이다.

스님의 현명한 처사는 마땅히 보고 배워야 한다. 우리가 어떤 일을 하는 목적이 화를 내기 위해서는 아니지 않는가? 연인, 가족, 친구, 동료들과 관계를 맺는 것 역시 화를 내기 위해서가 아니다. 그런데 어째서 우리는 아주 사소한 문제로 얼굴을 붉히고 마음을 괴롭히는 걸까.

화를 내는 것은 인생의 목적이 될 수 없으며 단지 세상을 대하는 방식 중 하나일 뿐이다. 화를 내는 행위는 자신이 어떻게 생각하고 행동하느냐에 달린 문제이지 다른 사람의 영향을 받는 것이 아니다. 화를 내겠다고 마음먹으면 생활 전반에 화가 자리 잡게 되고 화를 내지 않겠다고 마음먹으면 아무리 눈에 거슬리는 일도 웃어넘길 수 있다.

또한 화가 날 때일수록 마음을 가라앉히고 천천히 생각하고 행동해야 한다. 자신이 화를 내고 있다고 생각되면 우선 숨을 깊이 들이마시고 아무 말도 하지 않은 채 열을 세어보자. 그리고 내가 지금 무엇을 얘기하고 싶은지, 무엇을 원하는지 마음의 소리에 귀를 기울이자. 그러다 보면 마음이 점차 평온해지고 분노는 어느새 사그라져 있을 것이다.

자신의 호흡으로 분노를 가라앉힐 수 있어야지 분노가 호흡을 빠르게 해 충동적으로 말하거나 행동하도록 놔둬서는 안 된다. 분노는 일종의 감정 기복이므로 마음먹기에 따라 충분히 제어하고 조절할 수 있다. 그러니 마음대로 되지 않는 일들, 다른 사람으로 인해 유쾌하지 않은 기분들을 물처럼 자연스럽게 흘러가도록 놔둔다면 마음의 평정도 유지하고 고민이나 괴로움에서 벗어나 진정한 즐거움을 누릴 수 있을 것이다.

오해는
오해를 만들 뿐

　인생을 살면서 다양한 사람들과 만나 교류하다 보면 자연스럽게 오해가 생기기도 한다. 오해란 어떤 말과 행동에 대해 내가 타인에게 혹은 타인이 내게 갖는 잘못된 인식으로 오해가 생기면 사건의 진상을 제대로 이해하지 못하는 결과를 낳는다.

　어떤 이들은 오해가 인간관계에서 흔히 생기는 일이므로 정확히 해소하기만 한다면 크게 문제되지 않는다고 생각한다. 하지만 오해는 그렇게 간단한 개념이 아니다. 작게는 학업, 직업, 연애, 결혼 생활 등에 일시적인 불안을 초래하고 크게는 사람과 사람 사이를 멀어지게 하며 서로에게 정신적 부담과 괴로움을 안겨주면서 삶의 질까지 저하시킨다.

　오해는 인간관계에서 '종양' 같은 존재이다. 종양을 일찍 발견하고 또 그것이 양성이라면 간단한 수술을 통해 완치할 수 있다. 하지만 악성 종양이 온몸에 퍼질 때까지 인식하지 못하고 방치한 경우에는 그 어떤 치료도 소용이 없다.

오해를 일으키는 원인은 다양하다. 어떤 일에 대해 설명이 충분하지 않아 상대방이 오해를 하는 경우도 있고 사람마다 사고방식, 생활 습관, 성격 등이 다르기 때문에 그 차이에서 오해가 발생하기도 한다. 그런데 이유가 어떻든 오해는 유쾌한 일이 아니다. 사람은 누구나 타인으로부터 이해와 존중을 받고 싶어하기 때문이다. 그러므로 다른 사람과 즐겁고 조화롭게 공존하기 위해서는 가능하면 오해가 생기지 않도록 해야 한다. 또한 자신의 생각을 정확하게 표현하고 관대한 마음으로 상대를 이해하도록 노력하며 오해가 생겼을 때는 즉시 설명하고 풀어야 한다.

대만의 한 유명한 배우가 겪은 일이다. 어느 날 밤, 일정을 마친 그녀는 집에 돌아가기 위해 콜택시를 불렀다. 집에 도착해서 미터기를 보니 백칠십오 위안이 표시되어 있어서 그녀는 이백 위안을 택시 기사에게 건넸다. 기사는 말없이 돈을 받았다.
대만에서는 야간에 택시를 탈 때 표시된 금액에 이십 위안을 더해서 할증료를 지불하므로 그녀는 오 위안을 거슬러 받아야 했다. 하지만 아무리 기다려도 기사는 돈을 거슬러줄 생각을 하지 않았다. 불만스러웠지만 그녀는 고작 오 위안 때문에 언쟁을 벌이기 싫어서 차에서 그냥 내렸다.

그런데 택시 문을 닫는 순간 그녀는 콜택시는 호출 비용으로 요금에 십 위안을 더 지불해야 한다는 사실을 깨달았다. 그러니 사실상 택시기사에게 오 위안을 덜 지불한 셈이었다. 그녀는 급히 창문을 두드려 오 위안을 건넸다. 택시 기사는 돈을 건네받고 쓴웃음을 지으며 말했다.

"흥, 지금이라도 생각났으니 다행이오. 난 당신같이 유명한 사람이 오 위안을 떼먹고 가려는 줄 알았소!"

기사의 말에 그녀는 마음이 불편했고 나중에 친구에게 이렇게 털어놓았다.

"왜 택시기사는 처음부터 나한테 오 위안을 덜 냈다고 말하지 않았을까?"

때로는 오해가 생각지도 못한 즐거움을 주기도 하지만 대부분의 경우는 소통을 방해하고 불필요한 갈등을 일으킨다. 혹시 우리도 살면서 이야기 속의 택시 기사처럼 상대방의 잘못된 말과 행동을 알고도 침묵하고 있지는 않았는지 되돌아보자. 침묵은 오해의 골을 깊게 만들 뿐이다. 이때 상대방은 자신이 무엇을 잘못했는지 알지 못한 채 미움을 받는 셈이 된다.

아주 사소한 일임에도 불구하고 제때 적절한 소통이 이루어지지 않으면 자기 자신뿐만 아니라 상대방의 기분까지 망친다. 이러한 오해는 부모, 자녀, 연인, 배우자, 동료 등과의 조화로운 관계에 부정적인 영향을 미치고 심지어 다음과 같은 비극을 초래할 수도 있다.

결혼한 지 이 년째 되던 해 남자는 시골에 홀로 계신 어머니를 모셔와 같이 살기 시작했다. 그런데 늙은 어머니와 젊은 부부는 생활 습관이 많이 달라 종종 마찰을 일으켰고 특히 시어머니와 며느리의 관계가 좋지 못했다. 어머니는 특히 아들이 아침마다 며느리의 밥을 차려주는 것을 못마땅하게 생각했다. 시어머니는 아들의 수고를 덜어주기 위해 본인이 아침밥을 차리기 시작했고 틈틈이 며느리에게 더 부지런해지라고 잔소리했다. 며느리는 그런 시어머니가 불편해 아예 밖에 나가서 아침밥을 먹었다. 하지만 남편의 만류로 며칠 후 다시 집으로 돌아와 아침을 먹어야 했다.

어느 날 며느리는 시어머니가 만들어준 아침을 먹다가 속이 이상해 화장실로 달려가 먹은 것을 다 토해냈다. 속이 겨우 진정되었을 때 밖에서 시어머니가 남편을 붙잡고 며느리에 대한 서운함과 억울함을 호소하는 소리가 들렸다. 화가 난 남편은 화장실 문 앞에서 그녀를 나무랐다. 부부가 싸우는 소리에 시어머니는 집을 나가버렸고 얼마 후 남편도 따라 나갔다.

그렇게 사흘 동안 남편과 시어머니는 집에 돌아오지 않았다. 한편 며느리는 속이 계속 불편해 병원을 찾았다가 임신 사실을 확인했다. 그녀는 임신 소식에 금세 기분이 풀렸지만 남편과 시어머니가 이런 사실을 알아차리지 못한 것에 대해 서운함을 느꼈다.

병원에서 나오는 길에 그녀는 우연히 남편을 만났다. 원래는 임신 소식을 전해주려고 했지만 남편의 싸늘한 눈빛에 화가 나서 집으로 돌아와 버렸다. 아내는 밤새 고민하다가 그래도 가족이니 남편과 시어머니와 잘 풀어보겠다고 마음먹었다. 그런데 그때 남편이 전화를 걸어 시어머니가 교통사고를 당해 병원에 입원했다는 소식을 전했다. 그녀는 급히 병원으로 달려갔지만 시어머니는 이미 돌아가신 후였다.

남편은 어머니의 죽음을 아내의 탓으로 돌리며 집으로 돌아오지 않고 어머니가 원래 살던 곳으로 짐을 싸서 가버렸다. 그녀는 모든 상황을 설명하려고 했지만 계속되는 남편의 냉담한 태도에 아무 희망이 없다고 생각했다. 그래서 혼자의 길을 가기로 결심하고는 가족들과 주변 친구들의 만류에도 불구하고 아이를 낳아 어머니의 죽음을 보상하고자 했다.

몇 달 후 남편 역시 이혼을 결심했다. 이혼 서류에 도장을 찍고 나서 그녀는 일부러 외투를 벗었고 남편은 불룩한 배를 보고 나서야 상황을 알아차렸다. 남편은 아내에게 진심으로 사과했지만 이미 오랜 시간 냉담함에 지친 그녀는 마음을 열지 않았다.

남편은 자신의 실수를 만회하기 위해 각종 감동적인 이벤트를 여러 번 벌였지만 아내는 꿈쩍도 하지 않았다. 때때로 건넛방에서 남편의 고통스러운 신음소리가 들려도 그녀는 남편이 자신의 관심을 끌기 위해 일부러 내는 소리라고 생각했다.

드디어 아내가 출산하고 분만실에서 나오는 순간 남편은 그녀와 이제 갓 태어난 아기를 보고 기쁨의 눈물을 흘렸다. 그런데 갑자기 남편이 정신을 잃고 쓰러졌다. 알고 보니 남편이 이미 다섯 달 전에 간암 말기 진단을 받았으며 의사는 지금까지 버틸 수 있었던 것도 기적이라고 말했다.

아내는 후회의 눈물을 흘렸지만 이미 시간은 되돌릴 수 없었다. 얼마 후 남편은 세상을 떠났고 그녀는 남편의 방에서 그가 아이에게 남긴 선물들과 장문의 편지를 발견했다. 그리고 그녀에게 남긴 편지도 있었다.

'여보, 당신과의 결혼은 내 평생 가장 행복한 일이었소. 그동안 당신에게 상처 준 일들 용서해주길 바라오. 그리고 내 병을 숨긴 것도 당신이 기쁜 마음으로 아기를 기다리길 바라는 마음에서 그런 것뿐이오. 여보, 만약 당신이 이 편지를 보고 눈물을 흘리고 있다면 나를 용서한 것이라고 생각하겠소. 그리고 여기 있는 선물들은 내가 직접 우리 아이에게 전해주고 싶었지만 그럴 수 없으니 미안하지만 당신이 매년 하나씩 포장해서 전해주었으면 하오. 그동안 나를 사랑해줘서 정말 고맙소.'

남편은 아내의 구토가 시어머니에 대한 반감 때문이라고 오해했고 아내는 남편의 신음소리가 자신의 마음을 되돌리기 위해 일부러 꾸미는 일이라고 오해했다. 이 모든 오해가 결국은 두 사람의 행복한 결혼 생활을 망가뜨렸고 아내는 남편의 얼마 남지 않은 시간을 함께 보낼 기회도 놓쳐버렸다.

왜 이런 일이 벌어진 것일까? 이야기 속 세 식구는 함께 살면서 상대방의 입장은 고려하지 않은 채 나와 다른 면을 인정하지 않았다. 또한 서로를 신뢰하지 않았고 오해가 생긴 후 제때 풀지 않아 원망과 갈

등이 깊어졌기 때문이다. 그러므로 오해는 절대 간과해서도 냉담한 태도로 대해서도 안 된다. 오해는 싹이 보일 때 어떻게 해서든 풀어버리는 것이 가장 좋다.

누구에게나
비는 내린다

　모든 사람이 공통적으로 추구하는 한 가지 목표가 있다면 그것은 바로 행복이다. 그러나 아무리 노력해도 나도 모르게 "힘들어 죽겠어. 사는 게 사는 게 아니야." 하며 불만이 쏟아져 나온다. 그래서 어떤 사람은 행복은 영원히 자신의 것이 될 수 없다고 생각하고, 또 어떤 사람은 자신이 다른 누군가가 될 수 있다면 행복해질 거라고 생각한다. 하지만 늘 불평하고 걱정만 하는 사람은 아무리 환경을 바꾸고 다른 사람이 된다 한들 행복해질 수 없다.
　그렇다면 행복은 정말 아득히 먼 곳에 있는 것일까? 행복한 사람은 아무런 근심이나 걱정도 없을까? 원래는 누구나 행복하다. 다만 자신의 행복을 발견하지 못하고 다른 걱정에만 정신이 쏠려 있는 것뿐이다. 정말로 행복해 보이는 사람들도 아무런 고민 없이 사는 것은 아니다. 단지 그들은 행복을 통해 그것을 해결하고 극복할 줄 아는 것이다. 중국 현대 시인 볜즈린[卞之琳]³의 '단장(斷章)'⁴이라는 시에는 이런 구절이 나온다.

> 당신은 다리에 서서 풍경을 바라보고
> 풍경을 바라보는 다른 이가 누각에서 당신을 바라보네.
> 밝은 달은 당신의 창을 장식하고
> 당신은 다른 사람의 꿈을 장식한다.

이처럼 걱정이든 행복이든 모두 바라보는 시각에 따라 다르고 마음먹기에 달린 것이며 내가 선택할 수 있는 것이다. 세상에 누구도 완벽한 행복을 누리는 사람은 없고 평생 괴롭기만 한 사람도 없다. 우리가 좋은 마음을 먹으면 인생에 따뜻함과 행복이 넘쳐날 것이고, 나쁜 마음을 먹으면 늘 우울할 것이다. 인생에서 재물은 모두 덧없는 것이므로 억지로 모으고 가지려고 할 필요가 없다. 있으면 좋고, 없어도 좋은 것이며 어쨌든 모두 잠시 머무는 것뿐이다. 이러한 점을 깨닫는다면 전전긍긍할 일이 줄어들지 않을까? 또 인생의 온갖 시련과 변화를 차분하게 받아들일 수 있을 것이다.

---

3   중일전쟁 시기 활동했던 중국의 시인 겸 번역 작가. 신월파와 모더니즘의 영향을 받아 전통적 이미지와 현대적 기법이 융화된 시를 선보였다.

4   볜즈린이 1930년대 베이징대학 영문과에 다니던 시절에 만났던 명문가 재원 '장충허(張充和)'를 주제로 쓴 시이다.

『톰 소여의 모험』을 쓴 미국 소설가 마크 트웨인(Mark Twain)은 어느 날 친구와 함께 교회모임에 참석하기 위해 집을 나섰다. 그런데 대문을 나가려는 순간 큰 비가 쏟아지기 시작했다. 친구는 비가 금방 그칠 것 같지 않자 근심스러운 표정을 지으며 말했다.
"이 비가 그칠 것 같은가?"
그러자 마크 트웨인은 아주 담담한 목소리로 말했다.
"모든 비는 언젠가 그친다네."

그렇다. 세상에 그치지 않는 비는 없다. 아무리 세차게 내리는 비도, 우중충하고 어둑어둑한 날씨도 언젠가는 맑게 개고 따스한 햇볕이 비출 것이다. 그때 우리는 발견할 수 있다. 비가 내린 후의 하늘이 얼마나 아름다운지, 새로운 공기가 얼마나 깨끗하고 상쾌한지 말이다. 그러므로 바람이 불고 비가 내릴 때면 인내심을 갖고 잠시 기다려보자. 잠시 외출을 미루고 창가에 앉아 따뜻한 차를 마시며 빗소리를 듣다 보면 평소에 느낄 수 없던 여유와 평화를 누리게 될 것이다.

마찬가지로 인생에 비바람이 불 때면 너무 걱정하거나 실망하지 말고 삶의 전환기가 도래했다고 생각해보자. 이때 해야 할 일은 그저 비가 그치고 햇볕이 나오기를 인내심을 갖고 기다리는 것이다.

다른 사람은 모두 잘 사는데 나만 운이 없다고 생각해서는 안 된다. 하늘에서 비가 오는데 설마 내 머리 위에만 내리겠는가? 영원히 맑은 하늘 아래서만 사는 사람은 없다. 헨리 워즈워스 롱펠로(Henry Wadsworth Longfellow)의 시 '비 오는 날(The Rainy Day)'에는 이런 구절이 있다.

너의 운명도 다른 사람의 운명과 다름없고,

모든 사람의 인생에는 비가 내리는 법.

누구나 크든 작든 근심거리를 안고 산다. 그러니 사소한 고민이나 걱정은 한 번쯤 웃어 넘겨보는 것이 어떨까?

매일 아침 정원에 떨어진 낙엽을 치우는 동자승이 있었다. 낙엽 치우는 일은 생각보다 고된 일이었는데 특히 가을, 겨울에는 바람이 불 때마다 낙엽이 우수수 떨어져 정원을 가득 채우곤 했다. 동자승은 매일 이 일에 많은 시간과 힘을 쏟아야 했다. 그러다 보니 슬슬 짜증이 나기 시작했고 어떻게 하면 일을 줄일 수 있을까 고민했다. 나중에 또 다른 동자승이 방법을 알려주었다.
"청소하기 전에 나무를 흔들어서 낙엽들을 떨어트려 봐. 그러면 낙엽들이 모두 떨어져서 다음날만 돼도 더 이상 청소를 하지 않아도 될 거야."
동자승은 아주 훌륭한 방법이라고 생각해서 아침에 일어나자마자 정원에 나가 나무를 세차게 흔들었다. 그리고 내일은 낙엽을 치우지 않아도 된다는 생각에 떨어진 낙엽들을 즐거운 마음으로 치웠다. 하지만 다음날 정원에 나가 보니 낙엽은 평소처럼 수북이 쌓여 있었다. 노스님이 이 사실을 듣고 한숨을 쉬며 동자승에게 말했다.
"애야, 네가 오늘 아무리 애를 써도 내일은 내일의 낙엽이 떨어지는 법이란다."

내일의 낙엽은 내일이 돼야 떨어진다면 굳이 오늘부터 고민하고 걱정할 필요가 없다. 날마다 주어지는 인생의 과제는 다르므로 내일의 근심을 미리 앞당겨 해결하려고 애쓰지 말고 오늘은 그저 오늘의 일에만 충실하면 된다.

한 심리학 연구진은 사람들이 일반적으로 걱정하는 문제를 연구하기 위해 다음과 같은 실험을 진행했다. 연구진은 실험 참가자들을 일요일 저녁에 불러 앞으로 일주일 동안 자신에게 일어날 것 같은 걱정스러운 일을 적어 '걱정 상자'에 집어넣으라고 시켰다. 그리고 삼 주 후에 상자를 열어 확인해본 결과 그들이 적은 걱정들 중 열에 아홉은 실제로 일어나지 않았다고 한다. 연구진은 이번에는 실험 참가자들에게 실제로 일어난 일이 적힌 종이만 상자에 다시 넣으라고 시켰다. 그리고 다시 삼 주 후 확인해본 결과 참가자 대부분은 이미 그 일로 전혀 걱정하지 않고 있었다.

이 실험에서 볼 수 있듯이 정말로 걱정할 만한 일은 예상하는 것보다 적게 일어나고 어제보다 오늘 덜 일어난다. 그러므로 우리를 정말로 힘들게 만드는 것은 대부분 앞으로 일어날 일에 대한 걱정 혹은 과거로부터 이어진 고민들이다. 늘 걱정과 고민을 달고 사는 사람들은 사실 남들보다 걱정거리가 많아서 그런 것이 아니라 굳이 눈앞으로 끌어와 붙잡고 있기 때문이다. 정작 바로 뒤에서 그들이 돌아보기만을 기다리는 행복은 보지 못한 채 말이다.

베푸는 인생이 아름답다

삶이 풍요로워진 오늘날 사람들은 점점 물질적인 것을 통해서만 쾌감을 얻으려고 하고 충분한 물질만이 즐거움을 줄 수 있다고 생각한다. 그러나 진정한 즐거움은 돈으로 얻을 수 있는 것이 아니다. 때로는 일상의 아주 사소한 일에서도 큰 만족을 얻을 수 있고 이로써 삶이 더욱 다채롭고 풍요로워지는 것을 느낄 수 있다. 이러한 즐거움은 돈으로 살 수 있는 그 어떤 즐거움보다 몇십몇백 배는 더 귀하다.

스승과 제자가 산책을 하고 있었다. 그들은 길을 걷다가 우연히 신발 한 켤레를 발견했다. 근처 밭에서 일하고 있는 사람의 것 같았다. 제자가 말했다.

"스승님, 저 신발을 감추고 나무 뒤에 숨어서 저 사람의 반응을 살펴보면 재미있지 않을까요?"

스승이 말했다.

"남의 고통에서 즐거움을 찾으려고 해서는 안 된다. 대신 가서 양쪽 신발에 은 동전을 한 닢씩 넣고 온 뒤 저 사람의 반응을 살펴보거라."

제자는 스승의 말대로 한 뒤 나무 뒤에 숨어서 지켜보았다. 밭에서 일하던 남자는 신발이 있는 곳으로 돌아와 옷을 털며 신발을 신었다. 그러다가 발에 뭔가 걸리는 것을 느끼고 신발 속을 살피다가 은 동전을 발견했다. 그 순간 그의 얼굴에 화색이 돌았다. 그는 계속해서 다른 한쪽 신발을 살펴보았고 그곳에서도 은 동전을 발견했다. 그는 감격해서 병이 든 아내와 먹을 것을 구하지 못해 굶주린 아이의 이야기를 하며 하늘에 감사해했다. 제자는 깊은 감동을 느꼈고 어느새 눈에 눈물이 고였다. 그때 스승이 제자에게 물었다.

"어떠냐. 신발을 감추는 것보다 마음이 더 즐거워지지 않았느냐?"

제자가 말했다.

"네. 이제야 받는 것보다 베푸는 것이 더 즐겁다는 말을 이해할 수 있을 것 같습니다."

　　제자의 말처럼 인생은 베풀 때 더 즐겁고 행복하다. 어려움에 처한 사람을 도와줬을 때 그들의 행복한 미소를 보면 우리도 마음도 저절로 따뜻해진다. 누군가에게 장미를 선물하면 내게서 장미 향기가 난다는 말이 있다. 이처럼 다른 사람에게 필요한 것을 베풀고 즐겁게 해주는 것은 곧 내 영혼도 풍부하게 가꾸고 즐겁게 하는 일이다.

귀가 들리지 않는 한 여자 아이가 있었다. 아이는 가정형편 때문에 학교를 그만둬야 했는데 누군가 이 사실을 알고 아이가 계속 학교를 다닐 수 있도록 삼십만 위안을 기부했다. 비록 큰 액수는 아니었지만 그 돈은 아이의 인생을 바꾸어놓았다. 훗날 아이의 부모는 감사한 마음을 전하기 위해 여기저기 수소문한 끝에 기부자를 찾았다. 하지만 정작 기부자는 자신은 큰일을 한 게 아니라며 나서기를 꺼렸다.

준 사람은 그 사실을 잊어버리지만 받은 사람은 감사한 마음을 영원히 간직하는 것. 베푸는 삶이 아름다운 이유이다. 왜 충분한 능력이 있는데도 주변에 어려운 사람들에게 도움의 손길을 내주지 않는가? 내가 베푼 아주 작은 선의가 받는 이에게는 그토록 기다리던 희망의 빛이 될 수 있는데 말이다. 그리고 이 빛은 그들의 인생을 밝게 비추고 내 마음도 따뜻하게 해준다.

베푸는 것은 즐거운 일이다. 그러니 다른 사람에게 무언가 얻으려고만 하지 말고 내가 무엇을 줄 수 있을지 생각해야 한다. 다른 사람이 도움을 필요로 할 때 우리는 최선을 다해 도와줘야 한다. 많이 베풀면 베풀수록 내가 얻는 것도 많아진다.

옛날에 재산이 아주 많은 부자가 있었다. 그는 무엇 하나 부족하지 않은 화려한 생활을 누렸지만 전혀 행복하지 않았다. 그에게 돈을 빌리러 온 친척과 친구들은 돈을 받아간 후 다시는 돌아오지 않았고 이러한 일들이 그를 상심하게 했다. 어느 날 그는 악단을 불러 밤새 즐겁게 먹고 마셨는데 다음날 그들은 부자의 물건을 훔쳐 달아났다. 그는 후한 친절을 베푸는데도 사람들이 왜 자신을 이렇게 대하는지 이해할 수 없었다.

어느 날 부자의 집에 멀리서 온 스님이 문을 두드렸다. 그는 스님에게 자신의 괴로움을 얘기했다. 부자의 얘기를 들은 스님은 웃으며 말했다.

"제가 산속 절에 아주 좋은 행복의 비법을 숨겨놓았는데 저와 함께 가시겠습니까? 그런데 워낙 먼 길이니 여비를 두둑이 챙기셔야 합니다."

부자는 기뻐하며 충분한 여비를 챙겨 스님을 따라 나섰다. 그들은 가는 길에 여러 마을을 지나면서 가난한 사람들을 수없이 많이 만났다. 그들을 만날 때마다 스님은 부자에게 여비를 꺼내주도록 했고 부자의 주머니는 점점 가벼워졌다. 그는 점점 걱정이 되기 시작했다. 스님이 부자의 근심을 알아차리고 말했다.

"걱정할 필요 없습니다. 당신은 분명 즐겁게 집에 돌아갈 수 있을 테니까요."

스님의 말에 부자는 안심하고 남은 돈을 모두 가난한 사람들에게 나눠줬다. 두 사람은 드디어 절에 도착했다. 부자는 서둘러 행복의 비법이 무엇이냐고 물었다. 스님은 이렇게 말했다.

"전 그 비법을 이미 당신에게 알려줬는걸요."

부자가 깜짝 놀라 말했다.

"도대체 언제 알려줬다는 겁니까? 저는 전혀 모르겠는데요."

스님이 웃으며 말했다.

"먼 곳까지 오셨으니 이곳에 며칠 머물다 가시죠."

부자는 스님에게 분명 다른 뜻이 있다고 생각해 절에 머무르기로 했다. 그는 매일 스님들이 경전 읽는 소리를 들으며 시간을 보냈다. 그러나 며칠이 지나도 스님은 행복의 비법을 알려줄 생각이 없어 보였다. 그는 기다림에 지쳐 돌아가야겠다고 마음먹고 스님에게 여비를 달라고 청했다. 그러나 스님은 자신이 이미 여비를 주지 않았냐고 말했다.

부자는 스님에게 속았다는 생각이 들어 잔뜩 화가 나서는 혼자서 산을 내려가기 시작했다. 그런데 어느 마을에 도착할 무렵 그는 배가 고프기 시작했다. 하지만 그에게는 돈이 한 푼도 없었다. 그때 앞에서 한 농부가 다가오며 말했다.

"아이고, 저의 은인이 아니십니까? 이곳에는 무슨 일로 다시 오셨습니까?"

부자는 이 농부에게 무엇을 줬는지 이미 기억하지 못했다. 하지만 농부는 부자를 가족처럼 따뜻하게 맞이했고 집으로 초대해 가장 좋은 음식을 대접했다. 다음 날 부자는 다시 길을 나섰고 가는 곳마다 그가 도와줬던 사람들이 나타나 도움을 줬다. 그는 평생 경험하지 못한 즐거움을 느꼈고 행복한 마음으로 집으로 돌아왔다.

그리고 집에 도착했을 때 그는 스님이 알려주고자 했던 행복의 비법을 깨달았다. 예전에 그는 다른 사람에게 무언가 베풀 때 돌려받고자 하는 마음이 컸다. 그래서 다시 돌려받지 못했을 때 상심이 더 컸던 것이다. 하지만 그런 생각을 하지 않고 오직 즐거운 마음으로 베풀었더니 더 큰 즐거움과 행복이 자신에게 돌아온다는 사실을 깨달았다.

『명심보감(明心寶鑑)』「존심편(存心篇)」에서는 "은혜를 베풀되 보답을 바라지 말고, 주고 나서는 후회하지 말라(施恩勿求報, 與人勿追悔)."고 했다. 다른 사람을 도와주고 나서 똑같이 돌려받기를 원한다면 부자처럼 아무리 큰 것을 베풀어도 보답받지 못할 것이다. 그뿐만 아니라 베푸는 것 자체의 즐거움을 느끼지 못하고 돌려받고자 하는 욕망에 마음만 괴로워진다. 무언가 얻기 위해 베푸는 것은 잘못된 선행이다. 베푼다는 행위 자체에 즐거움이 충만해 있기 때문이다. 보답을 바라지 않는 순수한 마음으로 다른 사람을 도와줬을 때 사람들은 당신에게 감사하고 존경을 표시할 것이다. 세상에 이보다 더 값진 보답이 어디 있겠는가.

진실한 마음이 있다면
무엇이든 나눌 수 있다

어른들은 아이들에게 맛있는 것과 재미있는 장난감이 있으면 친구들과 나눠가질 줄 알아야 다른 친구들도 다시 나눠준다고 얘기한다. 사람이 사람을 도울 때도 이는 마찬가지이다. 만약 우리가 누군가에게 도움을 준다면 대부분의 경우 상대방은 그 일을 마음속에 깊이 간직하고 있다가 언젠가 내게 도움이 필요한 순간이 오면 기꺼이 두 손을 내밀어줄 것이다. 도움을 주고받으며 서로 진실한 마음이 쌓였기 때문이다.

반대로 오직 자기 자신만 생각하는 사람들도 있다. 이들은 자신이 가진 것을 잃을까 하루 종일 전전긍긍하고 자신의 목표를 이루기 위해서는 남의 것을 빼앗는 것도 불사한다. 하지만 이런 이기적인 마음은 결국 인생을 괴로움에 빠트릴 뿐이다.

옛날에 아주 이기적인 사람이 있었다. 그는 쌀 한 톨도 나눠주는 것을 아까워하는 지독한 구두쇠였다. 어느 날 한 스님이 마을을 지나다가 그에 관한 이야기를 듣고 집으로 찾아갔다. 스님은 그에게 베풂은 즐거운 일이고 나눠주면 더 많은 것을 얻게 될 것이라는 등의 가르침을 줬다. 그는 스님의 말에 따라 마음을 열고 집 앞에 있는 거지에게 밥을 한 그릇 가져다주기로 결심했다. 그러나 막상 거지에게 밥을 주려니 손이 떨어지지 않았다. 그는 몇 번을 시도했지만 결국 거지에게 밥을 주지 못하고 스님에게 돌아갔다.

"정말로 거지에게 밥을 줄 생각이었는데 도무지 손이 떨어지지를 않아요."

스님은 잠시 생각하더니 주머니에서 작은 씨앗 하나를 꺼내 그의 왼손에 들려주며 말했다.

"당신의 오른손을 다른 사람이라고 생각하고 왼손에 있는 씨앗을 오른손으로 옮겨보세요."

그는 의아해하면서도 스님이 시키는 대로 했다. 하지만 막상 오른손이 '다른 사람'이라는 생각이 들자 씨앗을 내려놓기가 망설여졌다. 잠시 후 그의 얼굴에 웃음이 피어났다. 왼손에 있는 씨앗을 오른손에 준다고 한들 씨앗은 여전히 자기 것이라는 생각이 들었기 때문이다. 그는 즐거운 마음으로 씨앗을 오른손에 올려놓았다. 그 순간 씨앗에서 싹이 나더니 금세 아름다운 꽃을 피웠다. 손바닥 위에 핀 아름다운 꽃을 보자 문득 이런 생각이 들었다.

'베푼다는 건 왼손에 있는 것을 오른손에 놓는 것처럼 간단한 일이

었구나. 그리고 이 씨앗이 아름다운 꽃을 피우듯 즐겁고 행복한 일임이 분명하다.'

우리는 이 이야기 속의 남자를 통해 이기적인 삶과 베푸는 삶의 두 가지 모습을 보았다. 때로는 왼손의 것을 오른손에 주는 일처럼 간단한 나눔만으로도 큰 즐거움을 찾을 수 있다.

불가에서도 헌신을 즐거움의 근본으로 여기고 헌신할 줄 모르는 신자는 종교를 가까이 할 자격이 없다고 설파한다. 쑨원[孫文][5]은 "불교의 가장 큰 교리는 희생이다."라는 말을 남겼다. 헌신은 곧 희생이다. 루쉰[魯迅][6] 역시 "내가 흘린 피로 다른 사람을 배부르게 해야 한다."는 말로 희생정신을 강조했다. 이처럼 다른 사람을 위해 기꺼이 내어주는 사람만이 삶의 진정한 의미를 깨우칠 수 있다. 중국의 한 의과대학에 새로 부임한 미국인 교수는 입학식 연설에서 다음과 같은 이야기를 들려주었다.

> 밤새 거센 비가 내린 다음날 아침이었습니다. 한 남자가 해변을 천천히 산책하다가 지난 밤 비바람으로 인해 모래 위에 생긴 웅덩이마다 작은 물고기들이 헤엄치고 있는 것을 발견했습니다. 웅덩이의 얕은 물에서 헤엄치고 있는 물고기들은 아직 생명의 위태로움을 느끼지 못하는 듯했죠. 하지만 모래가 서서히 물을 흡수하고 뜨거운

---

5 중국 혁명을 이끌었던 정치가. 공화제를 창시하여 신해혁명(辛亥革命)을 일으켰다.
6 중국의 대표적인 문학가. 주요 작품으로 『광인일기(狂人日記)』, 『아큐정전(阿Q正傳)』 등이 있다. 본명은 저우수런(周樹人)이며 '루쉰'은 필명이다.

태양이 내리쬐면 물고기들은 말라 죽을 게 뻔했습니다. 바다가 이렇게 지척에 있지만 그들은 영영 돌아가지 못할 운명이었죠.

남자는 물고기들의 앞날을 예견하며 탄식했습니다. 그런데 그때 한 소년이 눈에 들어왔습니다. 소년은 웅덩이와 바닷물 근처를 바쁘게 움직이며 무엇인가 하고 있었는데 알고 보니 웅덩이에서 물고기를 조심스럽게 꺼내 바닷물에 던져주고 있었던 거예요. 남자는 그 자리에 서서 소년이 물고기들을 구해주는 모습을 지켜봤습니다. 잠시 후 그가 소년에게 다가가 이렇게 말했죠.

"애야, 웅덩이가 수백 개도 넘어서 어차피 물고기들을 다 구하지 못한단다."

"알아요."

소년은 고개도 들지 않고 대답했습니다.

"안다고? 그런데 왜 그 일을 계속하고 있니? 누가 알아준다고."

"이 물고기가 알아주죠."

소년은 대답하면서 물고기를 바다로 힘껏 던졌습니다.

"그리고 이 물고기도요. 이 물고기, 이 물고기, 이 물고기, 이 물고기도……."

오늘 여러분은 이곳에서 대학 생활을 시작합니다. 여러분 모두 이곳에서 생명을 구하는 방법을 배우게 될 것입니다. 비록 여러분이 전 세계 사람들, 혹은 모든 중국인, 심지어 한 마을의 사람들을 모두 살릴 수는 없지만 그래도 몇몇 생명을 살리고 그들의 고통을 줄여줄 수 있습니다. 여러분은 그들의 인생을 달라지게 할 수 있습니다. 더 아름답게 만들어줄 수 있죠. 이것이 바로 여러분이 할 수 있는 일이자 반드시 해야 하는 일입니다. 부디 부지런히 공부하고 절대 포기하지 않기를 바랍니다. 그리고 웅덩이 속에서 작은 물고기를 구해내던 소년의 마음을 언제나 기억하십시오.

베풀고 나누는 일은 반드시 돈이 많이 있어야만 가능한 게 아니다. 우리 마음이 진실하다면 따뜻한 말 한마디, 진심어린 충고와 칭찬 한마디도 누군가에게 큰 도움이 될 수 있다.

다시 말해 헌신은 물질적인 도움보다는 진실한 마음을 전하는 데 의미가 있다. 웅덩이에 빠진 물고기들을 구한 소년의 이야기에서 소년은 남자가 뭐라 하든 자신이 해야겠다고 마음먹은 일을 묵묵히 해냈다. 소년은 자신이 하는 일이 물고기에게 얼마나 큰 의미가 있는지 알고 있었다. 하지만 우리 주변의 많은 사람들은 소년을 지켜보던 남자처럼 어떤 일을 할 때 먼저 그것으로 내가 무엇을 얻을 수 있는지, 그 일이 얼마나 가치가 있는지 등을 따져보기 좋아한다. 그러나 베풂이란 이득이나 가치를 따지는 것이 아니다. 나의 행위로 상대방이 필요한 도움과 편의를 얻는다면 그것은 내가 마땅히 해야 하는 일이다.

인생에서 가장 가치 있는 일

지구상에는 수십억 명의 사람들이 살고 그들이 추구하고 필요로 하는 바는 모두 다르다. 하지만 남자든 여자든, 돈이 많든 가난하든 모두가 갖고 싶어하고 반드시 필요한 것이 하나 있다. 바로 사랑이다.

사람의 일생은 생각보다 짧고 빠르게 지나간다. 고작 몇십 년에 불과한 인생을 후회 없이 보내기 위해 우리가 추구해야 하는 것은 무엇일까? 어떤 이는 자신의 사업에서 성공을 거두기 위해, 어떤 이는 역사에 이름을 남기기 위해, 또 어떤 이는 많은 재산을 모으기 위해 고군분투한다. 하지만 어떤 사람이든, 어디서 무엇을 하든 마음속으로는 언제나 사랑을 갈망한다. 누구나 부모, 자녀, 친구, 이웃들로부터 사랑받기를 원한다.

사랑은 인생에서 가장 아름답고 가치 있는 일이다. 그래서 우리 마음을 행복으로 채워주고 인생의 비바람 앞에서도 계속 전진할 수 있는 힘과 용기를 준다. 마음속에 사랑이 가득하고 그 사랑을 기꺼이 나눠줄 줄 아는 사람은 언제나 즐겁고 활기 넘치며 다른 이들로부터 사랑과 존경을 받는다.

어느 해 겨울, 절의 큰스님이 밖으로 나왔다가 열두세 살 정도 된 아이가 쓰러져 있는 것을 발견하고는 데려왔다. 아이가 깨어난 뒤 스님은 그가 벙어리에 갈 곳 없는 고아라는 사실을 알게 되었다. 그래서 아이에게 혜민(慧敏)이라는 법호를 지어주고 절에서 지낼 수 있도록 했다. 큰스님의 제자들이 모두 경문을 외우는 동안 혜민은 절에서 허드렛일이나 하는 신세였지만 남는 시간에 열심히 공부해 이듬해에는 『금강경(金剛經)』 전체를 외워서 쓸 수 있을 정도의 수준이 되었다.

어느 날 혜민이 마당을 쓸고 있는데 제자들 중 한 명이 법당에서 황급히 뛰어나왔다. 무슨 일이 생긴 듯해 혜민이 법당으로 들어가 보니 한 소녀가 무더위에 정신을 잃고 쓰러져 있었다. 그는 소녀에게 달려가 한 치의 고민도 없이 인공호흡을 하기 시작했고 그렇게 삼십 분 가까이 쉬지 않고 한 덕분에 소녀는 서서히 호흡을 되찾았.

그런데 이를 본 가장 나이가 많은 혜원(慧園)이라는 제자가 혜민이 규율을 어기고 여자를 가까이했다는 이유로 곧장 스무 대를 치고 밧줄로 묶어 큰스님 앞으로 데려갔다. 혜원은 혜민을 당장 절 밖으로 쫓아내야 한다고 했다. 하지만 큰스님은 온화한 목소리로 이렇게 말했다.

"저 아이를 풀어주거라, 혜원아. 혜민이 사람을 구하겠다고 한 행동을 보고 여자를 가까이 했다고 말하는 것은 혹 네 마음이 깨끗하지 않아서 그런 것 아니더냐. 아직도 소녀를 마음에서 내려놓지 못하고 있는 너야말로 큰 죄를 짓고 있는 것이니라."

반년 후, 절에서는 큰스님의 후계자를 뽑는 경합이 벌어졌고 제자들 중 마지막으로 혜원과 혜민 두 사람만이 남았다. 혜원은 제자들 중 나이가 가장 많았고 목소리가 낭랑하고 우렁차 절에서 행사가 열릴 때마다 진행을 도맡았다. 혜원은 자신감이 넘쳤고 가부좌를 하고 앉아 큰스님의 질문에 한 치의 실수도 없이 대답했다.

혜민은 벙어리였기 때문에 글로 써서 대답을 할 수밖에 없었다. 그는 먹물을 사용하지 않고 검지에 피를 내어 글씨를 썼는데 한 글자 한 글자에서 곧은 정신과 강한 힘이 느껴졌다. 두 사람은 끝까지 우열을 가리기 힘들었다. 큰스님은 마지막으로 '참선(參禪)'[7]이라는 주제를 주고 느끼는 바를 답안지에 한 단어로 적어보라고 말했다.

둘은 고심 끝에 답안지를 제출했고 모든 제자들이 법당에 모여 결과가 나오기만을 기다렸다. 얼마 후 큰스님이 나와 후계자로 혜민이 뽑혔다고 발표했다. 혜원은 결과를 믿을 수 없어 큰스님께 답안지를 보여달라고 간청했다. 큰스님은 두 사람의 답안지를 펼쳤다. 혜원의 답안지에는 '비움(空)'이라는 단어가, 혜민의 답안지에는 '사랑(愛)'이라는 단어가 쓰여 있었다.

7　자신의 본성을 꿰뚫어 보기 위한 불교의 수행.

불교에서도 수행을 할 때 비우는 것보다 사랑을 베푸는 것을 더 중요하게 생각한다. 어떤 사람들은 머리를 깎고 아무도 없는 깊은 산 속에 들어가 경전을 외우는 일만이 진정한 수행이라고 생각하지만 이는 불교의 참뜻을 이해하지 못한 것이다. 번뇌에서 벗어나라는 것이 홀로 깊은 산 속으로 들어가라는 의미만은 아니다. 불교의 진정한 가르침은 마음속에 사랑의 씨앗을 심어 싹을 틔우고 사랑으로 분노를 잠재우고 사랑으로 포용하며 사랑으로 집착을 버리는 것에 있다.

진정한 사랑은
소유하려 하지 않는다

내가 다른 사람에게 관용을 베풀어야 다른 사람들도 내게 관용을 베푼다. 사랑은 관용의 전제조건이다. 마음속에 사랑이 가득한 사람은 자기 자신뿐만 아니라 다른 모든 사람을 사랑할 줄 안다. 이런 사람은 대부분 마음이 넓고 작은 일에 얽매이거나 집착하지 않는다.

덴마크에 닐과 할로우라는 이름을 가진 두 명의 형제 과학자가 있었다. 어느 날 형 닐이 동생에게 말했다.
"우리 재미있는 게임 하나 하자. 서로의 단점을 하나씩 말하는 거야."
동생 할로우가 대답했다.
"형, 나는 그런 거 못해."
형이 말했다.

"그래서 지금 나랑 게임하기 싫다는 거야?"

동생은 할 수 없이 게임을 하겠다고 말했다. 형 닐이 먼저 동생의 단점을 얘기했다.

"넌 말도 조리 있게 못하고 너 자신을 표현하는 데 서툴러. 그래서 사람들은 네가 무슨 생각을 하고 있는지 잘 몰라. 자, 이제 네 차례야. 내 단점이 뭔지 말해봐."

하지만 동생 할로우는 아무 말도 하지 않다가 한참 뒤에 이렇게 말했다.

"형, 옷깃에 머리카락이 하나 떨어졌어."

동생은 형의 옷깃에 떨어진 머리카락을 떼어줬다. 동생은 그 머리카락 외에는 아무리 생각해도 형의 단점을 생각할 수 없었던 것이다.

형을 생각하는 할로우의 마음은 깊은 감동을 준다. 형 닐 또한 동생을 사랑했겠지만 그 사랑이 동생만큼 순수하지는 않았다. 형의 눈에는 여전히 동생의 단점이 보였고 그것을 어떻게든 지적하고 싶어했다. 하지만 할로우는 달랐다. 그의 사랑은 단순하고 너그러웠으며 대가를 바라지 않는 순수함이 담겨 있다. 분명 할로우는 형 닐보다 행복할 것이다. 그의 눈에는 사랑하는 사람의 단점은 보이지 않으므로 그런 것들로 고민하고 괴로워할 일도 없기 때문이다. 누군가를 사랑하는 것은 이처럼 단순명료하다.

혹시 우리도 형 닐처럼 사랑하는 사람의 단점을 찾아내고 트집 잡기 좋아하는 건 아닐까? 사랑한다는 이유로 가족, 친구, 동료들의 잘못을 지적하고 원망하지는 않았는가?

　사람들은 누군가를 책망하고 꾸짖는 이유가 관심과 사랑이 있기 때문이라고 말하지만 이는 사랑을 잘못 이해하고 있는 것이다. 그것은 상대를 좌지우지하고 싶은 욕망에서 나온 것뿐이다. 진정한 사랑은 상대에게 완벽함을 강요하지 않는 너그러움이 있어야 한다. 그런 사랑은 시련을 두려워하지 않고 용감하게 전진할 수 있는 무한한 생명력을 부여하기도 한다.

　인도의 한 신자가 에베레스트 산에 있는 성지로 순례를 떠났다. 여정은 멀고 험했으며 고산지대라 공기가 희박한 탓에 그는 점점 지쳐갔다. 짐이 얼마 없는데도 몸이 천근만근 무겁게 느껴졌고 한 걸음을 떼기가 너무나 힘들었다. 그는 숨을 헐떡이며 어서 목적지에 도착해 이 여정을 끝내고 싶은 마음만이 간절했다.
　얼마 후 그는 열 살 정도 돼 보이는 한 소녀를 만났다. 소녀는 체구가 작고 말랐는데 등에 몸집이 큰 소년을 업고 있었다. 그녀의 얼굴은 지쳐 있었고 옷도 땀으로 흠뻑 젖었지만 업고 있는 소년을 절대 내려놓지 않았다. 인도 신자가 소녀에게 다가가 말했다.
　"애야, 많이 무거울 텐데 힘들지 않니?"
　그런데 소녀는 누구보다 밝은 표정으로 말했다.
　"아니요. 하나도 안 힘들어요. 저는 짐을 지고 있는 게 아니라 제 동생을 업고 있는 걸요."

성인 남자도 힘든 여정을 열 살밖에 되지 않는 소녀가 그것도 몸집이 큰 남동생을 업고 있는데 어떻게 힘들지 않을 수 있겠는가? 하지만 소녀는 몸이 힘들지언정 마음만은 누구보다 활력이 넘쳤다. 사랑하는 동생을 업고 있기 때문이었다. 동생에 대한 깊은 사랑이 있기에 소녀는 힘들지만 계속 앞으로 걸어나갈 수 있었다.

소녀의 모습은 우리 주변에서도 흔히 찾아볼 수 있다. 등에는 십 킬로그램도 훨씬 넘는 아이를 업고 손에는 장바구니를 들고 걸어가는 엄마의 모습, 아내와 아이들을 위해 밤낮으로 쉬지 않고 일하는 아빠의 모습 등이 바로 그것이다.

우리에게 감동을 주는 사람들이 원래부터 위대한 능력이나 힘을 가진 것은 아니다. 그들의 마음속에 위대한 사랑이 있을 뿐이다. 그렇기 때문에 무거운 짐도 짐으로 느껴지지 않고 즐겁고 기꺼운 마음으로 어떤 일을 할 수 있는 것이다.

사랑은 죽음보다 강하다는 말이 있다. 사랑은 사람의 잠재된 능력을 끌어내고 몸과 마음에 활력을 불어넣어준다. 또 두려움을 없애고 사람을 강하게 만든다. 그래서 사람들은 사랑하는 사람을 위해 자신의 목숨까지도 기꺼이 내놓을 수 있는 것이다.

사랑을 이해하지 못하고, 소중하게 생각하지 않는 사람은 결국 행복을 놓치고 사랑하는 사람마저 잃는다. 사랑이 없는 인생은 온통 캄캄한 어둠이 있을 뿐이다.

누군가를 진정으로 사랑한다면 아무 조건 없이 모든 것을 내놓을 줄 알아야 한다. 절대 소유하거나 빼앗으려고 하면 안 된다. 만약 인간관계에서 자신을 무조건 일순위에 놓고 상대방을 이순위에 놓는다면 어떻게 서로 융화될 수 있겠는가? 상대방을 진심으로 배려하고 이해하며 조금 손해 보더라도 가장 좋은 것을 내어준다면 아름다운 사랑, 행복한 가정, 조화로운 인간관계까지 누릴 수 있다.

사랑은 마음을 평화롭고 경쾌하게 만든다. 마음속에 늘 사랑을 간직하고 있다면 근심과 걱정은 멀어지고 인생에 즐거움과 행복 그리고 따뜻함이 가득해질 것이다.

넘어진 마음을 일으켜 세우는 힘
사소한 것들로부터의 위로
ⓒ 木木, 2012

초판 1쇄 인쇄 2016년 04월 05일
초판 1쇄 발행 2016년 04월 15일

지은이	무무(木木)
옮긴이	이지수
펴낸이	김병은
펴낸곳	프롬북스

편집	이남경·김은찬·이현정
마케팅	최현준
디자인	최혜영
등록번호	제313-2007-000021호
등록일자	2007.2.1.
주소	경기도 고양시 일산동구 정발산로 24번지(장항동 웨스턴돔타워) T1-706호
전화	031-926-3397
팩스	031-926-3398
전자우편	edit@frombooks.co.kr
ISBN	978-89-93734-80-5 13320

· 책값은 뒤표지에 있습니다.
· 잘못된 책은 구입하신 서점에서 바꿔드립니다.

이 도서의 국립중앙도서관 출판예정도서목록(CIP)은 서지정보유통지원시스템 홈페이지(http://seoji.nl.go.kr)와 국가자료공동목록시스템(http://www.nl.go.kr/kolisnet)에서 이용하실 수 있습니다. (CIP제어번호 : CIP2016004821)